U0597189

操盘手记

KDJ指标技术分析入门与实战精解

股市风云 著

人民邮电出版社

北京

图书在版编目（CIP）数据

操盘手记：KDJ指标技术分析入门与实战精解 / 股
市风云著. -- 北京：人民邮电出版社，2018.5
ISBN 978-7-115-47520-6

Ⅰ．①操… Ⅱ．①股… Ⅲ．①股票交易－基本知识
Ⅳ．①F830.91

中国版本图书馆CIP数据核字（2017）第316815号

内 容 提 要

KDJ指标是一种常用的超买超卖类指标，其建立在威廉指标的基础之上。KDJ指标融合了移动平均线速度上的观念，形成了比较准确的买卖信号依据。因KDJ指标能够比较迅速、快捷和直观地研判行情，因此，被广泛应用于股市的中短期趋势分析中。它同时也是期货和电子现货等投资市场上最常用的技术分析工具。

本书从实用性的角度出发，介绍了利用KDJ指标时可采取的操盘策略，然后分别讲解了KDJ买入、KDJ卖出、KDJ+K线、KDJ+MACD、KDJ发现主力动向等操盘形态与实战技巧，以期让投资者真正学会运用KDJ指标，并熟练驾驭KDJ指标进行交易。

◆ 著　　　　股市风云
　　责任编辑　李士振
　　责任印制　周昇亮

◆ 人民邮电出版社出版发行　　北京市丰台区成寿寺路 11 号
　　邮编　100164　　电子邮件　315@ptpress.com.cn
　　网址　http://www.ptpress.com.cn
　　廊坊市印艺阁数字科技有限公司印刷

◆ 开本：700×1000　1/16
　　印张：16.25　　　　　　　　2018 年 5 月第 1 版
　　字数：328 千字　　　　　　2025 年 11 月河北第 22 次印刷

定价：59.80 元

读者服务热线：(010)81055296　印装质量热线：(010)81055316
反盗版热线：(010)81055315

三线定乾坤：KDJ，打开股市大门的秘钥

KDJ即随机指标，在每一种炒股软件中都存在，也是大多数投资者经常使用的一种技术分析类指标。然而，很多投资者却不知道如何准确地使用KDJ指标。

作为超买超卖类的一种指标，很多人都不知道 KDJ 指标在什么情况下才是超买和超卖。大多数人之所以不能够准确使用它，是因为感觉KDJ指标中的K线、D线和J线三条线，就像是河里的泥鳅一样，太光滑，根本无法用手抓住。

KDJ指标只有三条线：K线、D线和J线。仅仅三条线而已，却道尽了股价运行的涨跌秘密。这三条线就像是三根柱子一样，牢牢地支撑起了股价分析的天空。

太极拳和形意拳，练习起来很简单，但发挥出的威力却让人震惊，原因之一就是这两种拳术的行进都是以三角形的步伐为主的，而三角形又可以固定成一座山、一个支架、一个进攻前的姿势……总之，两点只能成为一线，而三点却能够起到固定的作用。

KDJ指标在市场中起到的作用，就是一种三线固定的模式，所以它能够轻易破解股价涨跌的秘密。

KDJ的三条线还有数值之分，而数值的大小往往又和其所处的位置有着很大关系，其中，50线作为KDJ运行区间的中轴线，又起着不容忽视的重要作用，因

为它可以提示KDJ指标的未来发展方向。

在使用KDJ指标时，J线虽能准确地为KDJ指标指明方向，但真正掌舵的还是K线和D线。

在股市的博弈当中，J线就好比是投资者伸出的手，K线和D线才是真正有力的两条腿。另外，在运用KDJ指标时，投资者要将长周期图与短周期图结合起来分析。这样才能够准确地把握住趋势和交易点。

为了能够让投资者熟悉KDJ指标，我们特编写了本书。本书首先从KDJ指标的构成和基础知识入手，又分章从KDJ策略、KDJ买入、KDJ卖出、KDJ+K线形态、KDJ+MACD、KDJ发现主力动向等6个方面介绍了在使用KDJ指标时的各种情况。

为了能够让投资者更为深入地了解KDJ指标的神奇作用，本书特以KDJ指标的各种形态为基础予以介绍，并辅助以发生在最近的股市案例予以说明，目的就是让投资者能够真正吃透KDJ指标的各种技法和知识。

学以致用，所以我们特别设置了"买卖点判定"这一版块，因为所有的形态，归根结底是要落实到具体操作的，而这种操作，就是KDJ指标的某些形态。

然而，每一种形态或是技术，都有着它的缺点和变数，因为世上本就没有绝对的东西，因此，"小贴士"同样是本书的一大亮点，因为它里面的内容都是一些特殊情况下的特殊操作策略和方法。掌握了这些，投资者在实际操盘中，才有可能做到灵活应对。

股市风云

第 1 章　**KDJ指标：神奇的中短期操盘法宝**

1.1　KDJ 指标的核心 1

1.1.1　KDJ 指标的构成 1

1.1.2　K 线与 D 线 4

1.1.3　J 线的意义 9

1.2　KDJ 指标的运行规律 12

1.2.1　KDJ 指标的运行区间 12

1.2.2　50 线的意义 15

1.3　KDJ 指标的钝化现象 19

1.3.1　KDJ 指标高位钝化 19

1.3.2　KDJ 指标低位钝化 22

1.3.3　KDJ 指标临界钝化现象 25

1.4　KDJ 指标的超买超卖提示 29

1.4.1　KDJ 指标的超买提示 29

1.4.2　KDJ 指标的超卖提示 31

第 2 章　**KDJ策略：胸中存韬略，交易有保障**

2.1　KDJ 指标判断趋势技巧与策略 35

2.1.1　50 线之上的多头趋势 35

2.1.2　50 线之下的空头趋势 38

2.1.3　围绕 50 线附近的震荡趋势 ……………………………………… 41

2.2　KDJ 指标选股技巧与策略 ……………………………………………… 45

2.2.1　拒绝交易量太小的股票 ………………………………………… 45

2.2.2　目标锁定绩优股 …………………………………………………… 48

2.3　KDJ 指标捕捉趋势反转点技巧与策略 ……………………………… 52

2.3.1　KDJ 指标顶部反转技巧与策略 ……………………………… 52

2.3.2　KDJ 指标底部反转技巧与策略 ……………………………… 55

2.4　KDJ 指标波段操作技巧与策略 ……………………………………… 58

2.4.1　月线大波段操作技巧与策略 …………………………………… 58

2.4.2　周线波段操作技巧与策略 ……………………………………… 61

2.4.3　日线小波段操作技巧与策略 …………………………………… 65

第 3 章　KDJ买入：寻找抄底机遇，抓住低位止跌点

3.1　KDJ 指标底部的确认 …………………………………………………… 69

3.1.1　股价上涨趋势中的 KDJ 底部信号 ………………………… 69

3.1.2　股价下跌趋势中的 KDJ 底部信号 ………………………… 73

3.2　KDJ 金叉买入形态 ……………………………………………………… 76

3.2.1　KDJ 金叉 ………………………………………………………… 76

3.2.2　突破压力线的 KDJ 金叉 ……………………………………… 80

3.2.3　K 线和 D 线平行震荡后的金叉 ……………………………… 83

3.2.4　J 线低位钝化 +KDJ 金叉 ……………………………………… 87

3.2.5　K 线与 D 线 20 以下的金叉 ………………………………… 90

3.3　KDJ 指标强势买入形态 ………………………………………………… 92

3.3.1　回落 50 线以下的金叉 ………………………………………… 92

3.3.2　KDJ "死叉"不叉 ……………………………………………… 95

3.3.3　50线附近的KDJ二次金叉 98

第 4 章　KDJ卖出：捕捉顶部特征，把脉高位止涨点

4.1　KDJ指标顶部的确认 101

　　4.1.1　KDJ指标顶部预警信号 101

　　4.1.2　K线与D线上行渐缓 104

　　4.1.3　J线高位钝化的卖出形态 107

4.2　KDJ"死叉"卖出形态 110

　　4.2.1　KDJ"死叉" 110

　　4.2.2　KDJ高位"死叉" 113

　　4.2.3　K线与D线高位平行后的"死叉" 116

4.3　强势反转形态 119

　　4.3.1　J线低位持久钝化 119

　　4.3.2　J线大斜率向下的KDJ高位"死叉" 122

　　4.3.3　高位三线向下发散 124

4.4　弱势转弱卖出形态 127

　　4.4.1　50线附近的KDJ金叉不叉 127

　　4.4.2　KDJ指标50线附近的接连"死叉" 130

第 5 章　KDJ+K线：K线经典形态指引，KDJ指标确定买卖点

5.1　KDJ指标＋经典K线买入形态分析 134

　　5.1.1　KDJ指标＋"红三兵"形态 134

　　5.1.2　KDJ指标＋V形底形态 137

　　5.1.3　KDJ指标＋岛形底形态 139

5.1.4　KDJ 指标 + 曙光初现形态 142

5.1.5　KDJ 指标 + 旭日东升形态 145

5.1.6　KDJ 指标 + 蚂蚁上树形态 148

5.2　KDJ 指标 + 经典 K 线卖出形态 151

5.2.1　KDJ 指标 + 倒 V 形顶形态 151

5.2.2　KDJ 指标 + 岛形顶形态 153

5.2.3　KDJ 指标 + 三只乌鸦形态 156

5.2.4　KDJ 指标 + 倾盆大雨形态 159

5.2.5　KDJ 指标 + 乌云盖顶形态 162

5.3　KDJ 指标 +K 线震荡整理形态 165

5.3.1　KDJ 指标 + 箱体震荡整理形态 165

5.3.2　KDJ 指标 + 旗形震荡整理形态 167

5.3.3　KDJ 指标 + 串阴串阳形态 170

第 6 章　KDJ+MACD：结合MACD形态，捕捉交易时机

6.1　KDJ 指标 +MACD 经典买入形态..........................174

6.1.1　DIFF 低位钝化 +KDJ 低位震荡形态 174

6.1.2　MACD0 轴附近震荡 +KDJ 低位金叉形态..............177

6.1.3　MACD 二次翻红 +KDJ 低位金叉形态 180

6.1.4　MACD 双线上行 +KDJ 三线向上发散形态 183

6.2　KDJ 指标 +MACD 经典卖出形态..........................186

6.2.1　DIFF 高位钝化 +KDJ 高位"死叉"形态 186

6.2.2　MACD 高位"死叉"+KDJ 三线向下发散形态 188

6.2.3　MACD 二次翻绿 +KDJ"死叉"形态 191

6.2.4　MACD 0 轴附近震荡 +KDJ"死叉"形态 194

6.3　KDJ 指标 +MACD 经典震荡整理形态.....................197

　　6.3.1　MACD 双线首次回调 +KDJ 低位金叉形态.............197

　　6.3.2　MACD 双线回跌 0 轴 +KDJ 低位"死叉"形态............200

　　6.3.3　MACD 双线低位震荡黏合 +J 线低点不断抬高形态...........202

　　6.3.4　MACD 双线低位小幅震荡 +KDJ 三线向上分散形态...........205

第 **7** 章　**KDJ发现主力动向：紧随主力踪迹，寻找交易机会**

7.1　主力建仓时期的 KDJ 指标形态分析 209

　　7.1.1　周线 KDJ 三线低位震荡...........................209

　　7.1.2　周线 J 线低位钝化.............................212

　　7.1.3　月线 KDJ "死叉不死"...........................215

7.2　主力清理浮筹时期的 KDJ 指标形态分析 219

　　7.2.1　三线黏合震荡形态.............................219

　　7.2.2　重回 50 线以下的 KDJ 金叉形态....................222

　　7.2.3　50 线上的 KDJ "死叉不死"形态....................225

7.3　主力拉升时期的 KDJ 指标形态分析 228

　　7.3.1　三线加速上行形态.............................228

　　7.3.2　三线向上发散、J 线快速上行形态....................231

　　7.3.3　三线高位回落后"死叉不死"形态....................234

7.4　主力出货时期的 KDJ 指标形态分析 237

　　7.4.1　三线高位震后的 KDJ 金叉不叉形态..................237

　　7.4.2　KDJ 高位"死叉"形态...........................240

　　7.4.3　三线向下发散形态.............................243

　　7.4.4　J 线高位钝化后快速下行形态......................246

第1章

KDJ指标：神奇的中短期操盘法宝

KDJ指标之所以能够判断出股价中短期波段运行的高点和低点，是因为它的波动都是有规律的，而要想了解这些，投资者必须首先了解KDJ指标的构成和KDJ指标的运行规律、KDJ指标的钝化现象，以及KDJ指标的超买与超卖等极端形态。

1.1 KDJ指标的核心

1.1.1 KDJ指标的构成

KDJ指标又叫随机指标，是根据统计学原理，通过一个特定的周期（通常为9日、9周等）内出现过的最高价、最低价、最后一个计算周期的收盘价，和这三者之间的比例关系，计算出最后一个计算周期的未成熟随机值RSV，再根据平滑移动平均线的方法来计算K值、D值与J值而绘成的曲线图。这也就意味着，KDJ指标是K线、D线与J线三条线构成的。

形态特征

（1）通常，在炒股软件中，只要输入KDJ的英文字母，即可出现KDJ

指标。

（2）KDJ指标通常是位于股票软件中的屏幕下方相关指标的区域位置。

（3）KDJ指标是由K线、D线与J线三条线构成的。

形态解读

图1-1　天华院-日线图

通常在炒股软件中，只要调出个股的K线图，输入KDJ英文字母，即会在屏幕下方出现一个区域，即为KDJ指标的具体情况，同时可以从中看到K线、D线与J线三条线的上下运行情况。如图1-1所示的为天华院（600579）的日线图。

图1-2是上证指数（000001）的周线图，同样，只要输入英文字母KDJ，就会在下方出现KDJ指标的变化情况。

图1-2　上证指数-周线图

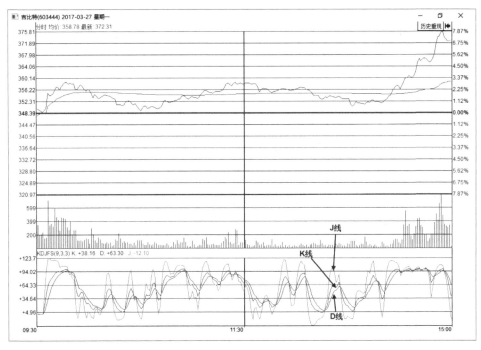

图1-3　吉比特-2017年3月27日分时图

图1-3是吉比特（603444）2017年3月27日的分时图，和日线图与周线图一样，只要输入KDJ英文字母，依然会在下方出现分时图上的KDJ指标运行情况。

买卖点判定

当J线在K线与D线下方运行到低位区，且出现向上与K线和D线发生交叉的KDJ金叉时，预判买点出现，如图1-1中D区域的情况；而当J线运行到了K线与D线之上后且出现J线向下与K线和D线交叉的"死叉"时，预判卖点出现，如图1-1中G区域的情况。

实战指南

（1）当KDJ在运行过程中，J线位于K线与D线之上，三线是向上运行时，往往表明研判对象处于上涨行情中，如图1-1中A区域的情况。

（2）当KDJ在运行过程中，J线位于K线与D线之下，三线是向下运行时，往往表明研判对象处于下跌行情中，如图1-3中X区域的情况。

（3）大盘中KDJ指标的运行情况，所表明的是指数的涨跌趋势，如图1-2所示。

小贴士

不同周期的KDJ指标的变化，所提示出来的未来的涨跌情况往往有所不同，例如日线、周线、分时图等对应的KDJ指标不尽相同。另外，在1分钟、30分钟等K线图上，在使用KDJ指标时，调用的方法相同。而不同的炒股软件上，在显示K、D、J三条线时，颜色或会有所不同。此时，投资者只需用鼠标对准指标区域中相关的三条线中的任意一条，即会显示出是K线、D线或J线。

1.1.2　K线与D线

K线与D线是KDJ指标中两根相对运行较慢的线，其不仅可以和J线相交形成

"死叉"或金叉，同时还能较准确出的提示大盘和热门大盘股走势。在运行区间上，K线与D线的值永远介于0到100。这给研判行情提供了参考，例如，判断超买现象的标准，是D值大于80；D值小于20时，就是超卖现象。同时，K线与D线的相交，也能单独判断行情，例如，在上涨趋势中，K值小于D值时，即K线在D线下运行，一旦K线向上突破D线即为买进信号；下跌趋势中，K值大于D值时，即K线在D线之上运行，一旦K线向下跌破D线即为卖出信号。与此同时，K线和D线上升或者下跌的速度减弱，倾斜度趋于平缓时往往是短期转势的预警信号。

形态特征

（1）在上涨趋势中，当K值小于D值时，即K线在D线下运行时，K线出现向上突破D线时，为买入信号。

（2）在下跌趋势中，当K值大于D值时，即K线在D线之上运行时，出现K线向下跌破D线时，为卖出信号。

（3）K线和D线上升的速度减弱，倾斜度趋于平缓时往往是短期上涨趋势即将反转向下的信号。

（4）K线和D线下跌的速度减弱，倾斜度趋于平缓时往往是短期下跌趋势即将反转向上的信号。

形态解读

1. 买入信号

图1-4是西部建设（002302）的日线图。图中，在股价的B段上涨趋势中，对应的K线在A区域中于D线下运行，一直到了M区域才出现了K线向上与D线的交叉，从而出现了买入信号。

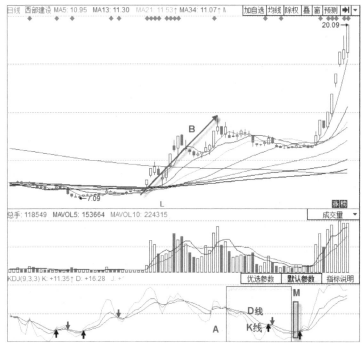

图1-4　西部建设-日线图

图1-5　诺邦股份-日线图

2. 卖出信号

图1-5是诺邦股份（603238）的日线图。图中，在股价的A段下跌趋势中，对应的K线在M区域向下跌破D线。这时，投资者应卖出股票。

3. 趋势由上涨反转为下跌的信号

图1-6　武昌鱼-日线图

图1-6是武昌鱼（600275）的日线图。图中，当股价处于上涨趋势时，K线在A区域于D线之上运行。但到了M区间，K线与D线的上行速度明显减弱，倾斜度趋于平缓，呈平行状态，说明上涨趋势即将转为下跌趋势，投资者这时应及时卖出股票。

4.趋势由下跌反转为上涨的信号

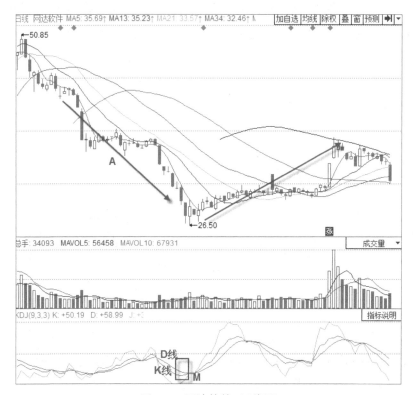

图1-7 网达软件-日线图

图1-7是网达软件（603189）的日线图。图中，该股在经历了前期股价在A段的下跌后，K线运行于D线之下，且K线与D线在M区域下跌的速度出现了减弱，倾斜度趋于平缓，呈平行状态，说明趋势即将由跌转涨，投资者这时应及时买入股票。

买卖点判定

（1）根据D线与K线判断买点：在上涨趋势中，当K值小于D值即K线在D线下运行时，买点出现在K线向上突破D线时，如图1-4中M区域的情况；趋势反转时的买点出现在K线和D线下跌的速度减弱、倾斜度趋于平缓时，如图1-7中M区域的尾段的情况。

（2）根据D线与K线判断卖点：在下跌趋势中，当K值大于D值即K线在D线之上运行时，买点出现在 K 线向下跌破 D 线时，如图1-5中M区域的情况；趋势反转时的卖点出现在K线和D线上升的速度减弱、倾斜度趋于平缓时，如图1-6中M区域的尾段的情况。

实战指南

（1）在利用K线与D线判断行情时，应分清股价运行趋势，从而再根据不同的形态判断买卖点，如图1-4和图1-5所示。

（2）在利用K线与D线判断趋势反转时，一定要根据上行或下行速度和倾斜度来观察，如图1-6与图1-7所示。

> **小贴士**
>
> 在利用 K 线与 D 线判断行情时，不同周期的 K 线图上，尽管形态一样，判断方法也一样，但买入后的上涨时间与幅度却往往会不同。

1.1.3　J线的意义

在KDJ指标中，J线为方向敏感线，其上、下运行的速度较快，经常领先于K线与D线，所以J线的走向，往往成为KDJ指标的"开路先锋"，J线成为判断行情和趋势转变的最为关键的一根线。当J值大于90，特别是连续5天以上时，股价至少会形成短期顶部；相反，当J值小于10，特别是连续数天以上时，股价至少会形成短期的底部。因此，J线成为了判断短线行情的一把标尺。

形态特征

（1）J线在KDJ指标的三条线中，往往处于一种领先的地位，即无论KDJ指标向上还是向下，位于最上方或最下方的往往就是J线。

（2）当J值大于90，特别是连续5天以上时，股价至少会形成短期的顶部。

（3）当J值小于10，特别是连续数天以上时，股价至少会形成短期的底部。

形态解读

1. J线判断短期顶部

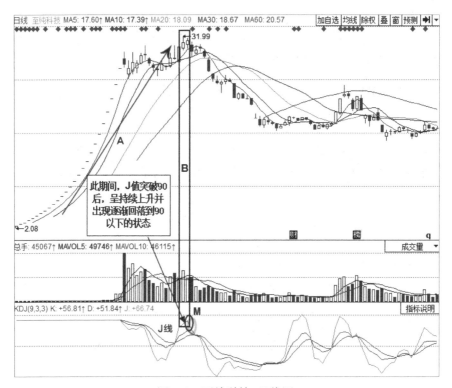

图1-8　至纯科技-日线图

图1-8是至纯科技（603690）的日线图。图中，该股股价在经过了A段的上涨趋势后，J线在B区域率先到达高位区，并且数值超过了90，前后维持了近3天时间，说明短期顶部已出现，投资者此时应及时卖出股票。

2. J线判断短期底部

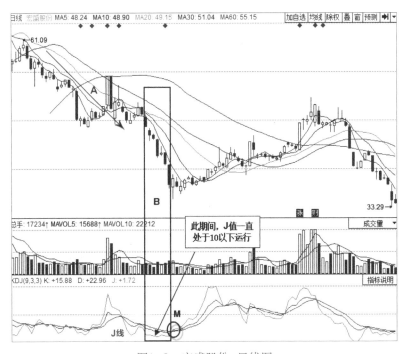

图1-9　宏盛股份-日线图

图1-9是宏盛股份（603090）的日线图。图中，该股股价在经过前期A段的下跌趋势后，J线的数值在长达7个交易日中，均位于10以下，说明短期底部已经出现，投资者此时应及时买入股票。

买卖点判定

利用J线判断买点时，应在J值结束小于10的状态，即买点出现在J值增加、J线上行时，如图1-9中M区域的情况；利用J线判断卖点时，应在J值结束90以上的状态，即卖点出现在J值下降并跌破90、J线下行时，如图1-8中M区域的情况。

实战指南

（1）在利用J值判断行情时，应分清J值是在顶部高位区，还是在底部低位区，如图1-8与图1-9所示。

（2）在利用J值判断行情时，当如果连续5天出现J值大于90这样的情况时，往往短期顶部形态已经形成；如果只是出现了2天或3天，如图1-8所示，同样是短期顶部，但卖出后，投资者应随时观察短期趋势变化，如发现高位反转时，应再买回来。

（3）在利用J值判断行情时，当J值小于10时，原则上这样的情况时间越久，底部越扎实。

小贴士

J线在顶部或底部徘徊的时间只是一个短期顶部或底部的参考，并不是说J值在大于90或小于10的状态下维持得时间越长，就越会是顶部或底部，但如果J值只是在短时间内超过90或小于10的情况，则往往是更短周期的趋势转变，尤其是当观察的K线图级别过小时，这种情况出现得更多。

1.2 KDJ指标的运行规律

1.2.1 KDJ指标的运行区间

虽然和其他超买超卖类指标一样，KDJ指标有着自己的运行范围，但KDJ指标是三根线，并且三根线的运行区间也不完全相同，这一点是有别于其他指标的。K线与D线的运行范围是0~100，这是一个恒定的运行数值区间。J线却不受这一范围限制，向上可以到达100以上，向下可以成为0以下的负值。这也为行情的演变提供了一定的参考。

形态特征

（1）KDJ指标的运行区间，K线与D线的值永远为0~100。

（2）KDJ指标的运行区间，J线的值可以超过100，或是出现低于0的负值。

形态解读

1. J线数据大于100的运行形态

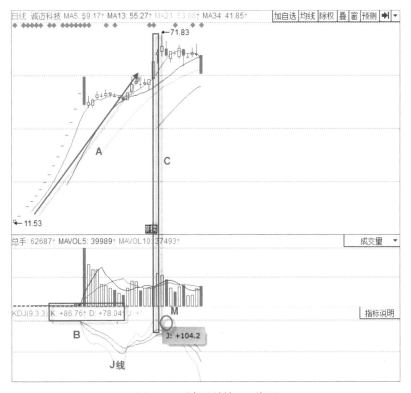

图1-10　诚迈科技-日线图

图1-10是诚迈科技（300598）的日线图。图中，该股股价在经过前期A段的上涨走势后，于C区域接连两天出现了J值大于100的情况。J值最高达到了104.2，但K值为+86.76，D值为78.04，依然在B区域0~100的范围内进行波动。

2. J线数据低于0的运行形态

图1-11　利安隆-日线图

图1-11是利安隆（300596）的日线图。图中，在股价经历了A段下跌走势后，J线向下运行到低位区，并且在2017年2月21日，J值在C区域跌破了0值，为-6.75，但此时E区域显示的K值为39.56，D值为62.72，依然保持在0~100的范围内运行。

买卖点判定

根据KDJ指标的运行区间判定走势时，买点一般出现在J线负值运行结束并出现向上突破10以上后，如图1-11中M区域的情况；卖点一般出现在J线在100以上的运行结束，并跌回到了90以下时，如图1-10中M区域的情况。

实战指南

（1）只有充分了解了KDJ指标中K、D、J三条线各自数值的变化情况，才能掌握这种数值变化所带来的趋势演变，如图1-10与图1-11所示。

（2）根据KDJ指标的运行区间判定卖点时，通常是利用J线数值向上的极限波动寻找卖点，如J线向上超越100后回落至90以下时，则构成短期卖点，如图1-10所示。

（3）根据KDJ指标的运行区间判定买点时，通常是利用J线数值向下的极限波动寻找买点，如J线向下跌至0以下为负值后，一旦出现回升超过10并依然向上运行时，则构成短期买点，如图1-11所示。

> **小贴士**
>
> 根据KDJ指标的运行区间判定买点或卖点时，即使是J值出现了向上超越了100，但如果回落到90以下，J线向下运行的态势不够明朗，则仍然不能确认为中期顶部到来的征兆，只能说明是短线的波动；即使是J值出现了向下跌破0值成为了负值，但如果J线回升到10以上运行，向上的意愿不强烈，则股价维持低位震荡的概率仍然较大，不能确认为跌势已止。

1.2.2　50线的意义

50线，一方面，可以说是KDJ指标的中轴。尽管J线可以向上超越100或向下跌破0值，但对于K线与D线而言，50线无疑是这两条线运行区间的一个中界线。另一方面，J线是方向敏感线，是引领K线与D线进行方向运行的。所以，50线完全可以作为KDJ指标的强弱分水岭。然而，KDJ这一指标上下波动的速度较快，因此，KDJ指标中50线更多的时候应当从较长周期的K线图（如周线图、月线图等）上来观察。

形态特征

（1）在周线或月线上，若KDJ指标中的三条线都在50线以上向上震荡运行，则往往说明当下是多头市场。

（2）在周线或月线上，若KDJ指标中的三条线都在50线以下震荡向下运行，则往往说明当下是空头市场。

（3）在周线或月线上，若KDJ指标中的三条线是围绕50线展开上下震荡，则往往说明当下是震荡整理行情。

形态解读

1. 50线之上的KDJ三线震荡上行形态

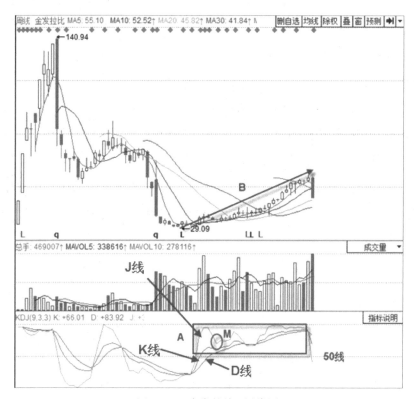

图1-12　金发拉比-周线图

图1-12是金发拉比（002762）的周线图。图中，在股价于B区域持续震荡上涨时，对应的KDJ指标中的三条线在A区域一直位于50线之上震荡上行。

2. 50线之下的KDJ三线震荡下行形态

图1-13　五洋科技-周线图

图1-13是五洋科技（300420）的周线图。图中，在股价于B区域持续震荡下跌时，对应KDJ指标中的三条线在A区域一直在50线以下震荡下行。

3. 围绕50线的KDJ震荡形态

图1-14是*ST新赛（600540）的周线图。图中，在股价于B区域出现了横盘的箱体震荡走势时，对应A区域的KDJ指标中的三线一直围绕着50线做上下震荡。

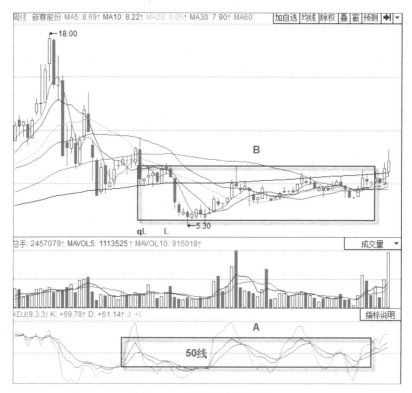

图1-14 新赛股份-周线图

买卖点判定

在根据KDJ指标与50线的位置判断买点时，只有三线位于50线之上震荡上行时，每一次J线向下运行后止跌开始转为上行时，即为较好的买点，如图1-12中A区域内的M点。

实战指南

（1）在根据KDJ指标与50线的位置判断行情时，关键是对趋势做判断，如图1-12、图1-13、图1-14所示。

（2）在根据KDJ指标与50线的位置判断行情时，不应采用级别过低的K线图

观察，而应从更长周期图上来观察，如周线图，甚至是月线图，因为其判断的不
是买点或卖点，而是趋势。

小贴士

当 KDJ 指标中的三线在 50 线略下或略上、三线几乎合一时，股价趋势
为震荡整理行情。同样，当 KDJ 三线围绕 50 线做宽幅或窄幅运动时，只要
核心始终是围绕 50 线来展开的，股价同样会表现为波段震荡。

1.3 KDJ指标的钝化现象

1.3.1 KDJ指标高位钝化

KDJ指标高位钝化，是一种经常出现的现象，尤其是在日线上，因为指标显
示区域是以K线与D线的范围0~100显示的，所以KDJ指标的钝化通常表现在可
以向上超越100的J线身上。但在判断行情时，往往日线上经常出现KDJ的钝化，
准确率相对差，而周线上若出现KDJ指标钝化时，往往是阶段顶部到来的迹象。
因此，当日线上出现J线沿顶部平行的钝化时，投资者应结合周线KDJ指标的变
化来综合判断。

形态特征

（1）KDJ指标高位钝化出现时，是J线出现沿区间上沿平行的状态。

（2）KDJ指标高位钝化出现时，往往J线数值已经超过了100。

（3）KDJ指标高位钝化出现后，若J线略有回落，股价就出现高位震
荡，则说明上涨行情依然会继续。投资者应在出现KDJ高位"死叉"后再
卖出。

形态解读

图1-15　永和智控-周线图

　　图1-15是永和智控（002795）的周线图。图中，股价在经过了前期A段的上涨后，于2016年11月18日～12月1日期间，出现了C区域对应J线上行到区间上沿后平行运行的情况，其间J的数值达到了105左右，形成了KDJ周线钝化。

　　在具体卖点的判断上，应观察短周期K线图上的指标变化。如在周线KDJ高位钝化的2016年12月1日，30分钟图（如图1-16所示）上，股价在高位震荡的情况下，于M区域，先是持续高位，但其后无法再继续刷新前高，所以对应的KDJ指标，（如图1-16中的A区域）同样在结束了高位钝化后，出现了下行，说明趋势将转变。投资者应及时卖出股票。

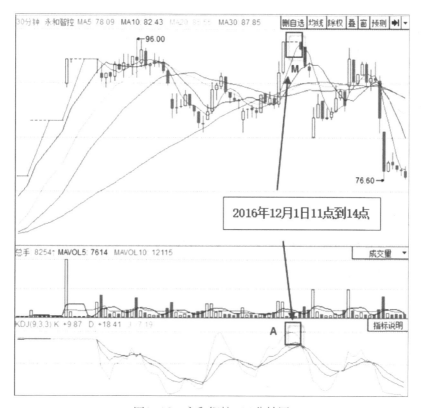

图1-16　永和智控-30分钟图

买卖点判定

　　KDJ指标高位钝化出现时,投资者在判定买点时,应从周线出发,即买点出现在周线上KDJ指标出现高位钝化后。这时,30分钟或60分钟图的KDJ同样高位钝化,无法再创新高,且J线向下回落,如图1-16中A区域J线的形态。

实战指南

　　(1)KDJ指标高位钝化出现时,因日线上经常出现这种情况,所以应以周线为准,这样准确率会更高。但若是小波段操作,可以采用日线结合5分或1分钟K线图的方式捕捉卖点。

（2）KDJ指标高位钝化出现，投资者确定买点或卖点时，应以周线为主来观察J线走势，通过30分钟或60分钟图上细微的变化，把握J线回落时的卖点。

（3）通常，经过前期较大涨幅后出现的持续高位钝化更具代表性。这时，股价顶部反转的概率更大。

（4）KDJ指标高位钝化时，投资者应观察J线是否与区间上沿平行，如图1-15中C区域。

> ## 小贴士
>
> 　　震荡行情中如果出现日线上的 KDJ 指标高位钝化，这往往是波段高点到来的象征。此时的操作意义并不大。新上市的股票上市后会接连出现时间较长的 KDJ 指标高位钝化，此时的参考意义同样不大。

1.3.2　KDJ指标低位钝化

KDJ指标低位钝化，受制于K线与D线运行区间的限制，同样是J线率先做出反应。与高位钝化不同的是，KDJ指标低位钝化是指J线的数值在跌破0值以后出现负值时，形成了在指标区间下沿的平行运行状态。同样，因日线KDJ指标变化过快，实战中，投资者仍应以周线为主来观察，然后再根据30分钟或60分钟等短周期图上的KDJ指标变化来确定具体的买点。

形态特征

（1）KDJ指标低位钝化出现前，股价往往会有较为明显的一段下跌走势。

（2）KDJ指标低位钝化出现时，J线的数值通常是位于0以下的负值。

（3）KDJ指标低位钝化出现时，J线会出现沿指标区间下沿平行运行的状态。

形态解读

图1-17是正平股份（603843）的周线图。图中，股价在经过了前期A段下

跌的走势后，于B区域，出现了J线下行到底部、沿指标区间下沿平行运行的状态，此时J值在-19左右，形成了KDJ指标的低位钝化。

图1-17　正平股份-周线图

此时，再进一步观察30分钟图（如图1-18所示）上的变化会发现，在周线上出现KDJ指标低位钝化期间，即2017年1月13日时，显示股价依然处于下跌趋势，KDJ指标出现低位震荡（图1-18中的B区域）。这时，投资者应持续观察。直到2017年1月13日13点～14点期间，KDJ形成了低位金叉后的"死叉不死"形态（M点），同时KDJ三线出现明显的三线向上发散形态。投资者可在此时买入股票。

图1-18　正平股份-30分钟图

买卖点判定

当周线上出现KDJ指标低位钝化时，30分钟图或60分钟图上出现明显的止跌信号，如KDJ低位金叉"死叉不死"或是低位钝化后三线向上分散等形态时，买点出现，如图1-18中C区域中的M区域的情况。

实战指南

（1）在根据KDJ指标低位钝化判断趋势时，应从周线出发。

（2）KDJ指标低位钝化出现前，股价往往有着一段明显的下跌走势，如图1-17中的A段走势。

（3）KDJ指标低位钝化出现时，具体的买点应综合观察30分钟或60分钟等短周期图上的KDJ，以发现更加准确的止跌反弹信号，如图1-18中M区域的情况。

小贴士

在根据KDJ指标低位钝化判断趋势时，如果周线上显示KDJ钝化接近尾声时，短周期K线图上同样出现了低位钝化，投资者应在短周期图KDJ指标低位钝化结束且J线出现向上金叉、三线向上发散形态时买入。

1.3.3　KDJ指标临界钝化现象

KDJ指标临界钝化是一种KDJ指标的特殊钝化现象，是一种最明显、最凶狠、最直接的钝化方式，有高位临界钝化和低位临界钝化之分。高位临界钝化是指J线由最高位置"100+"（即100，或超过100的值）的状态不回头，直接以直线的方式到达最低的"0−"（即0值或低于0的负值）位置；低位临界钝化是指J线由最低位置"0−"的状态不回头，直接以直线的方式到达最高的"100+"位置。如果中途有停留，则宣告钝化失败。

然而，KDJ指标临界钝化，即J线从"0−"状态的低位钝化一直到达"100+"的高位钝化，一般都预示着股价在后市会有较大的涨幅，因此，临界钝化是一种强烈的买入信号。而J线从高位钝化直线到低位钝化，却不是上涨行情启动的信号。

形态特征

（1）KDJ指标临界钝化现象出现前，股价通常会有一段长达半年之久的低位震荡整理。

（2）KDJ指标临界钝化现象出现时，或是J线从"0−"状态的低位钝化一直到达"100+"的高位钝化；或是J线从"100+"的高位钝化一直到达"0−"的低位钝化状态。

（3）如果J线从"0−"状态的低位钝化一直到达"100+"的高位钝化，则可确认股价将进入上涨行情。

（4）往往在KDJ指标临界钝化现象出现后的回调过程中，J线数值不会低于40。

（5）KDJ指标临界钝化现象，必须确保J线是直线到达的，中途不做任何停留，否则宣告形态失败。

（6）KDJ指标临界钝化现象必须发生在日线图上才有效。

形态解读

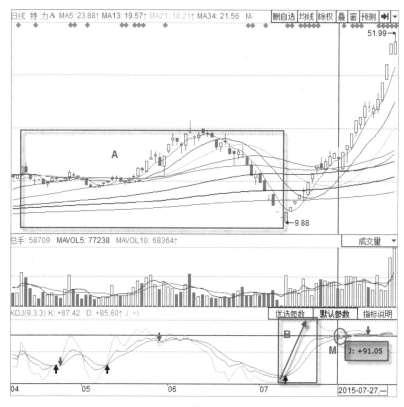

图1-19　特立A-日线图

图1-19是特立A（000025）的日线图。图中，股价在经历了前期A段走势的震荡整理后，于B区域，KDJ指标中的J线在底部钝化。之后，J线直线上升，并很快到达了区间的顶部，于高位横盘，数值超过了100，达到了120多，形成了KDJ临界钝化现象。其后的回调过程中，J线在2015年7月27日尚未下破90即出现了止跌（M点）。这时KDJ指标再次临界钝化。投资者应在此时及时买入股

票，因后市涨幅会十分可观。

图1-20　张家港行-日线图

图1-20是张家港行（002839）的日线图。该股自2017年1月24日上市后，图中股价连续上涨。之后，在股价短线调整时，J线先高位钝化，后开始出现直线下行，中间未做任何停留。这之后，J线低位钝化。这就是J线在A区域的表现，形成了KDJ指标临界钝化现象。随后，KDJ上行过程中出现回调时，J线在M点高达96.33，尔后股价止跌回升这时的临界钝化现象是由J线高位钝化到低位钝化的直线下行时形成的，虽之后股价同样出现了上涨，但这不能作为买入信号。

买卖点判定

KDJ指标临界钝化现象出现时，最佳买点出现在J线由"0-"到"100+"后出现的首次回调且J线的数值未跌破40即出现止跌回升时，如图1-19中M区域的情况。

实战指南

（1）KDJ指标临界钝化现象只有源于J线数值从"0-"到"100+"时，才可以作为确认买入时机到来的信号，如图1-19所示。

（2）若KDJ指标临界钝化现象源于J线数据从"100+"到"0-"的情况，则不能确认其后的涨势会出现，如图1-20所示。

（3）KDJ指标临界钝化现象出现前，往往会有较长时间的低位震荡整理，时间一般不低于半年。

（4）KDJ指标临界钝化现象出现时，J线数值从"0-"到"100+"的J线必须确保为一根直线由下到上，中途不能做任何停留。

小贴士

如果KDJ指标临界钝化现象出现时，J线数值是从"0-"到了"100+"，但中间出现了小幅的停留，尽管其后也可能会出现上涨，但这不能作为KDJ指标临界钝化现象的买入信号。

1.4 KDJ指标的超买超卖提示

1.4.1 KDJ指标的超买提示

市场超买时，KDJ指标的D线数值大于80。市场超买往往表明盘中的买盘出现了过剩，往往预示着后市会出现趋势性的反转。然而，一些强势股，或是新股上市后打开一字涨停板后，KDJ指标一直都会处于一种持续超买的状态，股价也依然会出现持续上涨，所以KDJ指标的超买情况，往往只是一种即将转势的象征，而不能单独作为卖出股票的信号来看待。投资者应结合KDJ指标的顶部反转的形态来判断是否卖出。

形态特征

（1）提示市场超买时，D线的数值必须大于80。

（2）如果用KDJ的超买提示确认卖出形态，则投资者应结合KDJ指标的顶部形态来判断，如高位"死叉"、三线向下发散等。

（3）KDJ提示超买时，J线可能会出现高位钝化，不能将J线的向上钝化与KDJ指标的超买提示混为一谈。

形态解读

图1-21是北特科技（603009）的日线图。图中，股价经过了前期B段的快速上涨后，于2017年1月9日～13日，即M区域，股价在高位出现了震荡，KDJ指标中的D线数值一直在80以上徘徊，如A点（2017年1月11日），D线数值达到了84.48，说明M区域一直处于超买状态。之后，股价转跌。

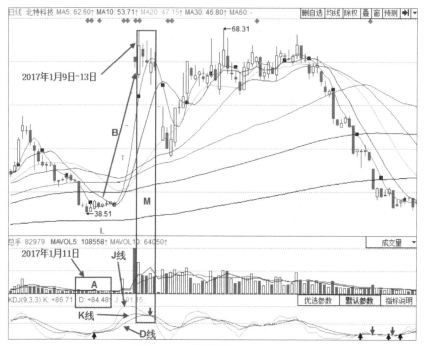

图1-21 北特科技-日线图

图1-22 法兰泰克-日线图

图1-22是法兰泰克（603966）的日线图。该股自上市后，从图中还未终止一字涨停板的2017年2月10日开始，一直到2月23日期间，即A区域，D线数值就一直在80以上运行，提示市场超买，但股价却一直处于上涨状态，直到超买现象结束前几日才略有回落之后，一个月的时间，KDJ都未提示超买，但股价却持续上涨。因此，投资者不能单独以超买现象来判断高位是否应卖出。

买卖点判定

　　KDJ指标提示市场超买时，卖点一般与KDJ指标的顶部迹象一同出现。

实战指南

　　（1）KDJ指标提示市场超买前，股价往往会有一段明显的上涨趋势，如图1-21中的B段走势。

　　（2）通常接连快速上涨状态下，容易出现 KDJ指标超买现象，如图1-22中A区域的情况。

　　（3）KDJ指标提示超买时，只能作为一种趋势即将转向的辅助参考指标，不能单独以此来判断未来行情，如图1-21所示。

> **小 贴 士**
>
> 　　KDJ 指标若在震荡行情中提示超买，则往往表明震荡高点即将到来，虽然 KDJ 指标的超买提示在震荡行情中准确率更高，但投资者仍然要结合 KDJ 指标的其他情况来确认行情。

1.4.2　KDJ指标的超卖提示

　　KDJ指标提示市场超卖时，KDJ指标中的D线数值小于20。这种KDJ指标的超卖提示，说明盘中出现卖盘远远大于买盘的情况。此时往往预示着股价即将由跌转涨，起码是短线的反弹与修正过度的下跌，但并不能意味着股价就会很快出现止跌，所以只有结合KDJ指标低位钝化后的金叉、三线向上发散等形态才能确认是否买入，而不能单独以KDJ指标的D线数值的超卖提示来确定买点。

形态特征

（1）KDJ指标提示市场超卖前，股价往往会有一段明显的下跌趋势。

（2）KDJ指标提示市场超卖时，KDJ指标的三条线往往都在50线以下的低位区运行。

（3）KDJ指标超卖现象出现时，D线数值必须小于20。

形态解读

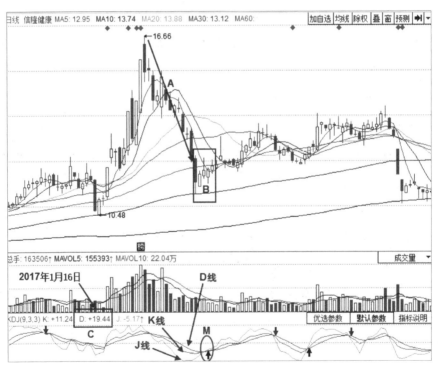

图1-23　信隆健康-日线图

图1-23是信隆健康（002105）的日线图。图中，股价在经历了A段的下跌走势后，在于2017年1月16日的下跌过程中，C区域显示D线数值跌破了20，达

到了19.44。之后，在B区域，KDJ指标提示超卖。另外，B区域中的M区域出现了KDJ三线金叉，因此投资者可买入。

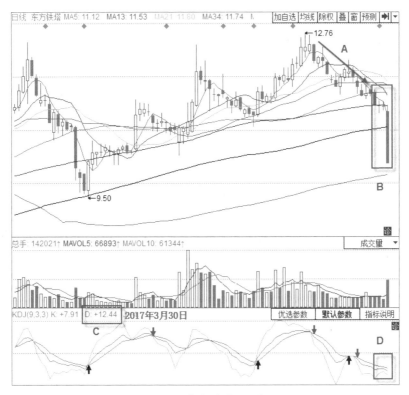

图1-24　东方铁塔-日线图

图1-24是东方铁塔（002545）的日线图。该股在经过了前期A段的下跌走势后，在D区域，KDJ指标中的D值跌破了20，提示市场超卖。这种情况一直维持到了2017年3月30日，此时，C区域显示的D值只有12.44。然而观察此时的KDJ指标发现，在B区域KDJ超卖期间，KDJ指标三线在D区域依然呈明显的向下发散形态，因此投资者不可买入。

买卖点判定

　　KDJ指标出现超卖现象时，最佳的买点为：KDJ三线已运行到底部，并出现平行后向上发散或KDJ金叉时，如图1-23中M区域的情况。

实战指南

（1）KDJ指标提示超卖时，往往之前会有一段较明显的下跌走势，如图1-23与图1-24中A段的走势。

（2）KDJ指标提示超卖时，D线数值小于20，而非J线的低位钝化，应分清楚，投资者不可将其等同看待。

（3）KDJ指标超卖现象经常会出现在下跌趋势中，但KDJ指标提示超卖后，股价并不一定会止跌，如图1-24所示。只有KDJ指标发出底部反转信号时投资者方可买入，如图1-23中M区域的情况。

小贴士

KDJ指标提示超卖时，如果恰好J线也出现了低位钝化后的向上金叉，三线呈向上发散形态，那么会形成买入的良机。而通常，当股价长期下跌过程中出现的D线数值小于10时，这种情况不会经常发生，投资者应把握住机会。

第2章

KDJ策略：胸中存韬略，交易有保障

每一种指标都有它的特点，这些特点派生出相关的操盘策略，例如多头格局与空头格局下的操盘策略，显然是不一样的；再如KDJ指标选股的策略与技巧，如何利用KDJ指标捕捉趋势反转点以及不同波段操作的操作技巧等。而除了这些相关的技巧外，还包括至关重要的操盘策略。因为只有在正确的操盘策略引导下，才可能产生正确的操盘技巧。

2.1 KDJ指标判断趋势技巧与策略

2.1.1 50线之上的多头趋势

50线，作为KDJ指标中K线与D线的中轴，往往起着看似平常但实际上非常重要的作用，尤其是在周线或月线图上，当KDJ指标中的三条线位于50线之上震荡向上运行时，往往代表的是一段较长周期的多头上涨趋势。所以，投资者只要发现KDJ指标三线运行在了50线之上，就应以"逢跌即买"的策略应对。

形态特征

（1）当市场处于多头趋势时，往往KDJ指标中的三条线是位于50线

之上震荡向上运行的。

（2）50线即炒股软件中，KDJ指标区域内中间的那一条水平的虚线。

（3）当市场处于多头趋势，KDJ指标中的三条线在位于50线之上运行时，总体方向应是向上运行的，其中J线可以出现短时的向下运行，但K线与D线必须处于向上运行或平行震荡的状态。

形态解读

图2-1　东风汽车-月线图

图2-1是东风汽车（600006）的月线图。图中，股价在经历A段震荡上涨期间，对应B段区域KDJ指标中的三条线一直是处于向上突破50线后在其上震荡上行的状态，其间，K线与D线一直呈向上运行状态，只有J线偶尔出现一小波下行，随后再次转为上行。

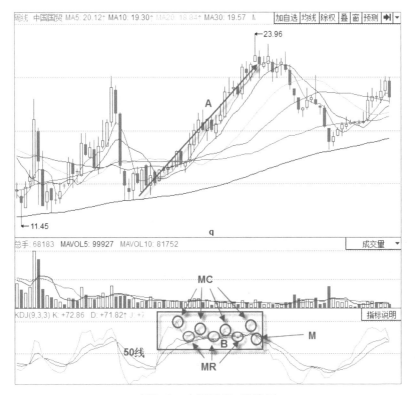

图2-2　中国国贸-周线图

图2-2是中国国贸（600007）的周线图。图中，股价在A段一直呈明显的震荡上涨的多头趋势，对应B区域的KDJ指标中的三条线在向上突破50线之后，一直在其上震荡上行，其间K线与D线一直呈向上运行或震荡略向上运行的状态，只有J线不时出现向下运行后又恢复上行的状态。

买卖点判定

周线或月线上的KDJ指标在50线之上的多头趋势状态下，最佳的买点出现在每一次J线向下运行中止并回升时，如图2-2中的3个MR区域的情况；最佳的卖点出现在每一次J线向上运行中止并转跌时，如图2-2中的4个MC区域的情况。最终多头趋势反转向下时的大波段卖点出现在J线向下与K线和D线形成"死叉"，三线均呈向下发散时，此时为趋势反转卖点，如图2-2中M点，投资者此时应及时逢高卖出股票。

实战指南

（1）在利用KDJ指标50线判断趋势时，应从月线或周线图上，根据KDJ指标三条线在50线上运行的情况来判断，如图2-1与图2-2所示。

（2）在多头上涨趋势中，允许J线在50线之上出现向下运行的情况，但K线与D线必须始终保持向上或震荡平行的状态。

（3）KDJ指标在50线之上运行时，买点或卖点的判断应根据J线的下行结束或上行结束点的情况来确定。

> 小贴士
>
> 50线之上的多头趋势形态成立后，如果出现K线与D线开始向下运行，甚至是跌破了50线的情况，但股价趋势依然向上，这往往是大级别的调整行情。而月线与周线上KDJ指标在50线上运行的状态，只是作为一种趋势上的判断，具体的买卖点，属于较长周期波段的买卖点，具体到相关的短线低点或高点的把握上，应以日线或30分钟、60分钟等短周期图上的指标显示仔细判断。

2.1.2 50线之下的空头趋势

作为KDJ指标中K线与D线的中轴，50线往往起着非常重要的作用，尤其是在周线和月线图上，当KDJ指标中的三条线在50线之下震荡向下运行时，往往代表的是一段较长周期的空头下跌趋势。此时，投资者应采取"多看少动"的回避操作策略，即使盘中出现J线的反弹，因为其时间往往较短，所以应采取尽量少参与或不参与的策略。

形态特征

（1）当市场处于空头趋势时，往往KDJ指标中的三条线是位于50线之下震荡向下运行的。

（2）当市场处于空头趋势时，KDJ指标中的三条线，在位于50线之下运行时，方向应是向下运行的，其中J线可以出现短时的向上运行，但

K线与D线必须是向下运行或平行震荡的状态。

（3）在50线之下的空头趋势里，只有J线到达底部低位区后发出明显的见底回升信号时，投资者方可买入。

形态解读

图2-3　连云港-月线图

图2-3是连云港（601008）的月线图。图中，股价在A段一直处于下跌状态，形成了明显的空头趋势。对应B区域KDJ指标的三条线相继跌破50线，并在50线之下向下运行，尽管在B区域中，J线曾两次出现C区域与D区域的向上运行，但K线与D线始终处于向下运行状态，说明跌势未止，这不过是盘中的短暂反弹，投资者应采取观望的策略。一直到M点，出现J线向上金叉K线与D线，同时K线与D线转为了向上运行，出现三线向上发散的状态时，投资者方可介入。

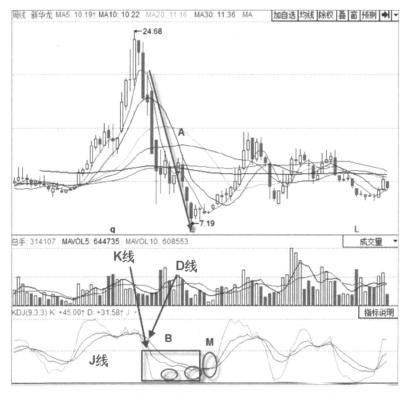

图2-4 新华龙–周线图

图2-4是新华龙（603399）的周线图。图中，股价在A段的下跌期间，对应B区域KDJ指标的三条线先后跌破50线，且K线与D线均处于50线之下的向下运行状态，形成了空头趋势，虽然在B区域J线出现两次向上运行，但K线与D线下行的状态始终未改变。所以对于仅仅是下跌趋势中的短暂反弹行情，投资者应采取观望的策略。直到J线进入M区域后向上与K线和D线发生金叉后出现三线向上发散时，投资者方可介入。

买卖点判定

KDJ指标在50线以下向下运行期间，是不宜买入的。最佳的买点出现在K线与D线走平略向下，J线向上金叉K线与D线，三线向上发散时，如图2-3与图2-4中M区域的情况。

实战指南

（1）KDJ指标在50线以下向下运行前，往往会有KDJ指标由高位向下回落的过程，如图2-3与图2-4中B区域之前的情况。

（2）KDJ指标在50线以下向下运行期间，必须确保K线与D线为向下运行时，方为空头趋势，如图2-3与图2-4中B区域的情况。

（3）KDJ指标在50线以下向下运行期间，即使J线出现向上的走势，只要K线与D线依然是方向向下运行的，投资者均不能将短暂的反弹行情作为买入的信号，如图2-3与图2-4中B区域的情况。

利用KDJ指标在50线以下运行的状态判断趋势时，应从较长周期的K线图上去观察，如月线图、周线图，如图2-3与图2-4所示。

> **小贴士**
>
> 如果 KDJ 指标在 50 线以下运行时，出现了三线黏合平行的状态，这往往是一种低位弱势震荡行情，但若 J 线不到达底部区间，投资者应采取观望的策略，只有出现 KDJ 金叉，三线向上发散时投资者方可介入。

2.1.3　围绕50线附近的震荡趋势

围绕50线附近的震荡趋势，是指KDJ指标在运行的过程中，其三条线一直围绕在50线附近做上下震荡的形态。这种形态的出现，往往说明股价正处于震荡整理的行情。因为震荡行情大多数是出现在两种情况下：一种是股价经过下跌的过程后，即KDJ经过了前期的顶部下跌后；另一种是股价上涨过程中出现的KDJ指标三条线围绕50线的震荡，所以也会在震荡结束后形成相应的买点或卖点，但投资者必须根据KDJ指标结束震荡时三线向上发散或向下发散的状态来确定买点或卖点。因此当KDJ指标围绕50线的震荡结束时，投资者一定要分清方向后再去操作。

形态特征

（1）围绕50线附近的震荡趋势出现时，KDJ三条线往往会在50线附近上下做小幅震荡整理。

（2）围绕50线附近的震荡趋势结束时，当向上突破时，往往会出现KDJ金叉，三线向上发散的形态。

（3）围绕50线附近的震荡趋势结束时，当向下突破时，往往会出现KDJ"死叉"，三线向下发散的形态。

形态解读

1. 围绕50线附近的震荡趋势结束后向下突破的形态

图2-5　北新路桥-周线图

图2-5是北新路桥（002307）的周线图。图中，股价在经历了A段的下跌，即KDJ指标D段的向下运行后，KDJ三线当跌到50线附近时，在B区域出现了三

线相隔很近地围绕50线上下小幅震荡的情况。在震荡结束后的M区域，出现了KDJ三线向下"死叉"并明显向下发散的形态，形成了明显的卖出信号。

2. 围绕50线附近的震荡趋势结束后向上突破的形态

图2-6　湖南天雁-周线图

图2-6是湖南天雁（600698）的周线图。图中，股价在经历了A段的触底反弹，即B段KDJ指标触底上行后，KDJ三条线在C区域出现了靠近50线并在50线略上方，围绕50线展开了上下小幅震荡，此时股价也处于横盘震荡的状态。而当震荡整理结束后，在M区域，出现了J线向上与K线和D线的金叉，且呈三线向上发散的形态，说明震荡结束后，股价将向上突破，因此投资者此时应及时买入。

买卖点判定

KDJ三线围绕50线上下震荡时，买点出现在震荡结束后KDJ金叉、三线向上发散状态形成时，如图2-6中M区域的情况；卖点出现在震荡结束后KDJ"死叉"、三线向下发散状态形成时，如图2-5中M区域的情况。

实战指南

（1）KDJ三线围绕50线上下震荡时，从严格意义上来讲，KDJ三条线必须围绕50线展开小幅震荡，但事实上，或许三线会出现略高于50线的情况，如图2-6中C区域的情况，或是略低于50线的情况。

（2）KDJ三线围绕50线上下震荡时，因日线及以下的短周期K线图的KDJ变化太快，所以投资者应从周线图或以上级别的K线图来进行观察，如图2-5与图2-6所示。

（3）KDJ三线围绕50线上下震荡趋势一旦形成后，投资者应尽量回避所有操作；持股者应在震荡结束后出现KDJ向下运行状态时暂时卖出；空仓者应选择在震荡结束后，KDJ三线向上发散时买入。

小贴士

KDJ 三线围绕50线上下震荡时，通常会出现在下跌趋势初成不久，即KDJ 指标由顶部回落到50线的情况，此时多为下跌中继的震荡整理，震荡结束后 KDJ 三线将继续下跌；如果出现在底部回升后，KDJ 三线初次上升到50线以上或附近出现回调到50线并展开震荡时，其后往往会继续震荡上行、突破50线；但如果震荡结束后 KDJ 三线继续向下运行，往往说明趋势依然维持一种弱势震荡格局。股价经过大幅上涨后同样也会出现回落后 KDJ 三线围绕50线的震荡状态，其后向上突破往往是股价再次发力上攻的信号。

2.2 KDJ指标选股技巧与策略

2.2.1 拒绝交易量太小的股票

KDJ指标本来就极为敏感，上下滑动较快，所以对于那些交易量很小的股票来说，往往会出现KDJ指标显示上下波动较大，而事实上股价上下波动的幅度极小的情况，所以即使是从周线的角度出发，同样制约了获利空间，尤其是当股价处于地量的状态运行时，更应当引起注意，此时投资者可以不过度操作，或是换其他指标来观察行情。

形态特征

（1）交易量太小的股票，一是指那些刚刚上市的中小板个股，或是创业板个股，因股票刚刚上市不久，发行量极小，且能够上市流通的股票数量更少，投资者应回避利用KDJ指标来判断其行情。

（2）交易量太小的股票，还有一种情况，就是股价处于不足前期最高水平成交量的20%时，即地量状态下运行的股票，对于这类股票，投资者同样需要回避使用KDJ指标来判断行情。

形态解读

1. 上市不久的新股小盘股

图2-7是达威股份（300535）的日线图。这只股票是深市创业板中的一员，2016年8月12日上市，图中，尽管一字涨停板打开后，在A区域显示成交量也不小，但事实上其流通总市值仅仅有12.14亿元，属于典型的小盘股，根据KDJ指标根本无法捕捉到其具体的买点或卖点。即使从周线出发，因为其上市时间短，投资者更是无法做出判断，如图2-8中A区域的情况。

图2-7 达威股份-日线图

图2-8 达威股份-周线图

2. 处于地量水平运行的股票

图2-9是东音股份（002793）的日线图。图中，股价前期在上涨高点，即2016年12月24日的A区域时，当日成交量高达139316手，其后在B区域时，即2016年12月19日～2017年3月22日期间，从成交量明显较高的对应C区域的2017年2月9日的情况来看，当日成交量也只有32934手，如按20%计算，也仅仅是超过了一些高位时的成交量的20%水平（约不足2800手），更何况是B区域间其他交易日的成交量，明显是处于地量运行状态之下。再观察此期间的KDJ指标的变化，虽然有涨有跌，但事实上股价的波动极小，且常常出现与KDJ指标相左的情况。所以，投资者对于这种情况同样需要回避使用KDJ指标来判断行情。

图2-9　东音股份-日线图

买卖点判定

当一只股票成交量很小时，投资者应回避使用KDJ指标来判断行情，因此，相关的买卖点可根据其他指标的情况来确定。

实战指南

（1）当一只股票的交易量极小时，如果是新上市的小盘股，往往KDJ指标无法充分体现其股价趋势的变化，如图2-7所示。

（2）当一只股票的交易量极小，如果处于地量水平运行的状态，即平均成交量不足高点最高成交量的20%时，KDJ指标虽然涨跌幅度看似很大，事实上同样无法根据其指示来判断股价趋势的变化，如图2-9所示。

> **小贴士**
>
> 　　那些长期被市场冷落的冷门股，或是那些低位长期小幅震荡的股票，其成交量同样会出现过小的情况，其KDJ指标同样无法真实地反映出当时的行情。但这往往是主力在建仓后洗盘的特征，也是牛股启动前的征兆，但此类股需要从更长周期的K线图上去观察其KDJ指标的变化，如周线图等。

2.2.2　目标锁定绩优股

绩优股，又称蓝筹股，指那些在某一行业中处于重要支配地位、业绩优良、交易活跃、公司知名度高、市值大的股票，这些上市公司的经营者拥有较好的可信度，公司运营收入十分稳定，每年又会固定分配股利、红利，所以市场认同度高。即使是在市场不景气的情况下，这些绩优股同样不会受到过分冷落，其交易量也不会太小。因此，对于这类绩优股，投资者可采用长线持有下的中短线波段操作的策略。

形态特征

（1）绩优股是指在某一行业内占据着重要支配地位的股票，如各行业的龙头股等。

（2）绩优股的业绩通常十分稳定，盘子相对大，但盘子过大的蓝筹股，投资者同样需要回避，例如两市的权重股中国石油和工商银行等，因其盘子过大，同时受政策影响较大。

（3）绩优股也叫白马股，知名度较高，其公司产品往往影响也较大，并且公司业绩往往十分稳定。

形态解读

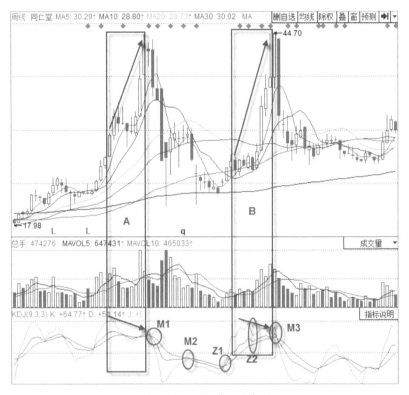

图2-10　同仁堂-周线图

图2-10是同仁堂（600085）的周线图。同仁堂公司是一家国家级非物质文化遗产的制药企业，公司业绩长期稳定，而医药股的抗跌性又较强，公司受政策支持较多，因此投资者可以将其作为一只绩优成长股，逢低买入并一直持有。同时，可以根据其周线图上股价的波动，和KDJ指标的上下运行情况，进行买入与卖出的操作，以完成长线持有下的小波段操作。

例如，在A区域，发生KDJ顶背离（即KDJ指标走势与股价走势方向相反），背离结束后的M1区域出现向下"死叉"、三线向下发散时投资者应卖出大部分股票；其后当M2区域出现反弹过程中的KDJ金叉不叉时，投资者应果断清仓式卖出；其后Z1区域出现KDJ低位金叉、三线向上发散时投资者应果断买入大部分股票；其后在Z2区域，出现KDJ在50线之上向上运行中的KDJ "死叉"不叉时，投资者应再次全仓买入；当发现B区域再次形成顶背离时，果断在M3区域，即KDJ "死叉"、三线向下发散时，投资者应清仓式卖出股票，其后，可再等待机会买入。

如此操作，投资者可将全部精力放在同一只股票身上，获利同样相当稳定。

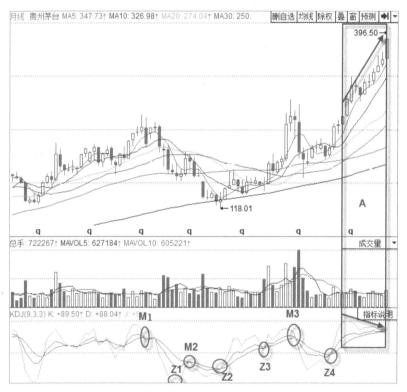

图2-11　贵州茅台-月线图

图2-11是贵州茅台（600519）的月线图。众所周知，贵州茅台为国酒，可以说是中国的一张名片，因此投资者同样可以逢低时将其长线持有，操作上应以周线或月线来确定，如M1区域出现KDJ "死叉"，投资者可卖出；Z1区域出现J线低位回升时，投资者可买入；M2区域出现金叉不叉时，投资者应先卖出；Z2

区域出现三线向上发散、KDJ金叉时，投资者再买回；Z3区域出现50线以上的"死叉不死"时，投资者应加仓买入；M3区域出现KDJ高位"死叉"时，投资者应卖出；Z4区域出现KDJ金叉、三线向上发散时，投资者应买入。其后在A区域，虽然出现了J线高位钝化，但股价持续上涨，与KDJ形成顶背离，但之后依然没有结束顶背离，所以投资者应继续持有。

买卖点判定

对于绩优股，投资者在长线持有的基础上，对每一种KDJ买入形态出现时，都应把握好买入的最好时机，如图2-10中Z1与Z2区域的情况以及图2-11中Z1、Z2、Z3、Z4区域的情况；相反，对每一次KDJ指标卖出形态出现时，都应把握好卖出的最好时机，如图2-10中M1、M2、M3区域的情况以及图2-11中M1、M2、M3区域的情况。

实战指南

（1）投资者在选择绩优股时，应选择那些长期受政策支持的行业龙头公司来操作。

（2）投资者在操作绩优股时，应在长线持有的基础上，抓住KDJ指标每一次的买入形态及时买入，而在每一次KDJ指标的卖出形态出现时卖出，如此反复小波动操作以实现获利。

（3）投资者在操作绩优股时，应从较长周期图上寻找KDJ指标的波段波动规律，如周线图或月线图，如图2-10与图2-11所示。

小贴士

投资者在实际操作绩优股时，月线或周线上的买卖点只能作为波段趋势反转的参考，具体涉及实际的高位卖点或低位买点时，可用同样的方法，从日线等短周期图上去寻找，但级别不能过低，即周线或月线出现卖出形态时，首先从日线入手，再通过1分钟或5分钟图上来逐级确定最终的高位卖点和低位买点。

2.3 KDJ指标捕捉趋势反转点技巧与策略

2.3.1 KDJ指标顶部反转技巧与策略

KDJ指标顶部反转，是指当KDJ指标中的三条线上行到顶部区域后出现反转向下运行的形态，但KDJ指标是否会出现真正的反转向下，还是高位震荡后继续上行，往往有着很多的技巧与应对策略。例如J线高位钝化后，当出现下行时，并不一定就意味着趋势会出现反转。只有出现高位"死叉"、三线向下发散时，才真正说明趋势已发生顶部反转，所以成为高位卖出的最佳时机。

形态特征

（1）当KDJ指标出现顶部反转迹象时，往往之前会有三线向上运行的走势。

（2）当KDJ指标出现顶部反转迹象时，通常会出现J线高位钝化，但震荡行情的震荡高点出现时，或许J值不会出现高位钝化。

（3）当KDJ指标出现顶部反转迹象时，通常会出现J线向下与K线和D线的高位"死叉"，同时形成三线向下发散的迹象。

形态解读

图2-12是同力水泥（000885）的周线图。该股在经过了股价的B段上涨，即KDJ指标A段的突破50线后的上行后，KDJ指标三线在M区域到达了顶部区域，J线的最高数值达到了112.7，并出现顶部高位钝化，而后J线出现向下与K线和D线形成"死叉"，三线出现向下发散，形成了明显的KDJ顶部反转迹象，此时，投资者应及时卖出股票。

图2-12　同力水泥-周线图

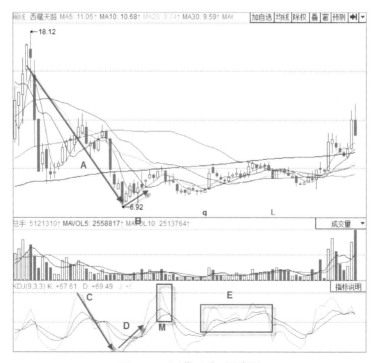

图2-13　西藏大路-周线图

图2-13是西藏天路（600326）的周线图。图中，股价在经历了股价前期A

段的高位回落后，出现了B段的反弹，同时KDJ指标也出现了C段的由高回落后的D段反弹，而后KDJ三线突破50线后持续上行，在M区域，三线运行到高位区后，J线出现了数值超过100后的沿区间上沿平行的钝化现象，其后开始下行，与K线和D线形成"死叉"，三线出现向下发散的迹象。这说明趋势已转为震荡行情，震荡高点已经到来，短线需要卖出回避。而其后在E区域，果然出现了KDJ线围绕50线的震荡趋势。

买卖点判定

当KDJ出现顶部反转迹象，即J线向上钝化，而后高位KDJ"死叉"，三线向下发散时，即为投资者的最佳卖点，如图2-12与图2-13中M区域的情况。

实战指南

（1）在根据KDJ指标判断顶部时，应从周线或以上级别的K线图出发，因日线等短周期K线图中KDJ指标变化过快，难以捕捉到，如图2-12与图2-13所示。

（2）无论哪个级别的K线图，KDJ指标的顶部反转形态出现时，J线或高位钝化，或不出现钝化，而后发生KDJ高位"死叉"，三线呈向下发散的形态，如图2-12与图2-13中M区域的情况。

（3）如果是震荡行情中出现KDJ顶部形态，若发现股价没出现破位下行，或是成交量处于地量水平下的不活跃状态时，投资者也可以继续持股，如图2-13所示。

小贴士

日线等短周期图上经常会出现J值高位钝化的现象，如果在此期间不出现背离的话，投资者可按KDJ顶部的卖出形态看待；但是如果出现了背离，投资者应选择在背离结束后KDJ指标发出遇顶回落的信号时再卖出。

2.3.2　KDJ指标底部反转技巧与策略

　　KDJ指标底部反转形态，是指当KDJ三线在向下运行的过程中，运行到了底部低位区后，K线与D线出现了平行的震荡，J线出现低位钝化现象。这往往说明股价已经跌到了底部低位区。但要确认底部时，投资者应选择在KDJ指标出现J线向与K线和D线金叉、三线发散向上时再买入，因为只有KDJ指标出现了回升迹象时，股价才能够真正止跌，否则极有可能出现底部区域的反复震荡。

形态特征

　　（1）KDJ指标底部反转形态出现前，往往KDJ指标与股价会有一段明显的向下运行的走势。

　　（2）KDJ指标底部反转形态出现时，往往KDJ三条线位于50线以下的低位区。

　　（3）KDJ指标底部反转形态出现时，投资者应在底部反转，即J线低位钝化（或不出现钝化）后向上与K线和D线金叉、三线呈向上发散迹象时买入。

形态解读

　　图2-14是祁连山（600720）的周线图。图中，在经历了股价A段及KDJ指标B段的下跌后，KDJ指标已运行到了底部低位区，并且J线在M区域出现了沿区间下沿平行的低位钝化现象，其数值跌破了0值，K线与D线其后出现平行震荡，并出现了KDJ低位金叉，三线呈向上发散形态，形成了明显的底部反转形态。此时，投资者应及时买入。其后的J1区域与J2区域，KDJ在反复震荡中，J线在向下掀起的波浪谷底呈现逐渐攀升的情况，投资者应加仓。

图2-14　祁连山-周线图

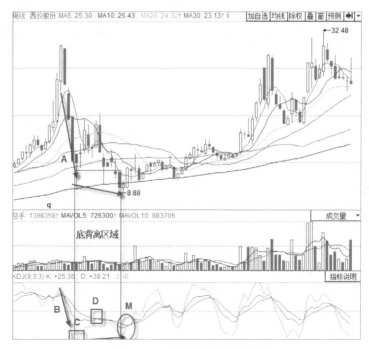

图2-15　西仪股份-周线图

图2-15是西仪股份（002265）的周线图。图中，在经历了股价A段与KDJ指标B段的下行后，KDJ指标运行到了50线以下的低位区，并且在C区域出现了J线数值跌破0值的低位钝化，其后J线开始上行，但至D区域时出现KDJ金叉不叉形态，因此投资者此时不应买入。但之后，J线向下未出现低位钝化即止跌，形成了KDJ底背离，其后J线上行，底背离现象结束，在M区域J线与K线和D线发生低位金叉后三线呈向上发散形态，此时成为投资者最佳的买入时机。

买卖点判定

当KDJ指标发出明显的底部反转信号，即J线低位钝化后上行，三线出现低位金叉后呈向上发散形态时，投资者应及时买入，如图2-14中M区域的情况；如果期间发生底背离，投资者应在底背离结束后，即股价与KDJ指标正常运行后发生J线向上金叉K线与D线，三线呈向上发散时，及时买入，如图2-15中M区域的情况。

实战指南

（1）KDJ指标出现底部反转时，通常之前会有一段明显的下跌趋势，如图2-14与图2-15中A段与B段，若之前的下跌幅度较大，如图2-14中C段与D段，则底部形态更加可信。

（2）KDJ指标出现底部反转时，往往出现J线低位钝化，但应在其后出现KDJ低位金叉与三线向上发散形态出现时确认反转，如图2-14中M区域的情况。

（3）根据KDJ指标判断底部反转时，应从周线出发，其后反转的时间则更长久，如图2-14所示。

（4）根据KDJ指标判断底部反转时，如果其间发生底背离现象，往往J线在背离结束时不会出现低位钝化，但J线向下掀起的谷底高度与之前的低点，会形成后一个高于前一个的形态，但投资者应在背离结束后出现KDJ金叉、三线向上发散形态出现时买入，如图2-15中的情况。

> **小贴士**
>
> 在根据 KDJ 指标底部特征判断趋势反转时，如果发生底背离现象，投资者一定要看清，若背离结束后，再次发生背离，应在最后一次背离结束时选择买入。因底背离可能会多次出现，尤其是小级别的 K 线图上，时间较短的底背离往往会多次出现。

2.4 KDJ指标波段操作技巧与策略

2.4.1 月线大波段操作技巧与策略

相对于其他指标而言，KDJ指标因上下波动较快，所以更适合根据月线上 KDJ指标的变化来进行较大的波段操作。

形态特征

（1）投资者根据月线KDJ指标的变化进行大波段操作时，应在月线上KDJ指标出现明显的底部回升特征时选择买入，例如在J线向下低位钝化后回升，引带K线与D线出现平行后向上运行，出现KDJ金叉及三线向上发散时买入。

（2）投资者根据月线KDJ指标的变化进行大波段操作时，应在月线上KDJ指标出现明显的顶部回落特征时选择卖出，例如在J线向上高位钝化后回落，K线与D线开始转为向下，出现J线向下与K线和D线的"死叉"，三线向下发散时卖出。

（3）当月线上KDJ指标出现三线横盘震荡，相距较近时，或是位于50线附近震荡时，此时为震荡行情，投资者应避开大波段操作。

形态解读

图2-16　北特科技-月线图

图2-16是北特科技（603009）的月线图。图中，D区域出现了J线到达底部区域的低位钝化，在其后出现J线触底回升，K线与D线呈震荡向上运行的情况，此时投资者应采取低位买入的策略，具体的买点可根据短周期图上的情况判断。

当其后三线向上发散后，在未出现金叉的情况下，J线震荡，并于J区域出现了向上与K线和D线的金叉，此时投资者应选择加仓买入。

其后，KDJ三线出现突破50线后的持续向上运行，此时投资者应持股不动，一直到了M区域，价格开始高位震荡不断创出新高，KDJ指标中首先是J线向下回落，并引带K线与D线也平行后出现向下运行，并发生KDJ高位"死叉"，此时投资者应选择卖出股票。具体的高位卖点，可通过观察短周期K线图，如30分钟图或日线图等来判断。

图2-17　北特科技-日线图

图2-17是北特科技（603009）的日线图。图中，股价经过了B段的快速上涨后，进入C区域，并发生A区域的J线长时间高位钝化，其后在M区域出现了J线向下与K线和D线的"死叉"，并出现三线向下发散，此时投资者应及时卖出股票。

如此大波段操作，由低位买入时的价格（以30元计）算起，至后来卖出价格（以65元计），其间收益率已超过100%。

买卖点判定

月线大波段操作时，投资者应在月线上KDJ指标出现J线低位钝化，或低位震荡后三线止跌回升出现金叉，呈三线向上发散时买入，如图2-16中D区域的情况，具体到买入时的形态，可以以同样的方式观察短周期K

线图上同样出现的KDJ底部回升特征。

投资者应在月线上出现KDJ指标顶部特征，即J线高位钝化，或三线向下发散，"死叉"出现时卖出，如图2-16中M区域的情况，再根据短周期图上出现相同的KDJ顶部回落特征时卖出，如图2-17中A区域与M区域的情况。

实战指南

（1）月线大波段操作时，月线上KDJ指标的顶部或底部特征，只是对大趋势的一种把握，涉及相关的具体买卖点时，投资者应根据短周期图上的显示操作。

（2）月线大级别操作时，只有出现了明显的底部反转迹象时，如图2-16中D区域的情况，投资者方可买入。投资者买入时应根据短周期图上相同的KDJ底部反转特征寻找买点。

（3）月线大波段操作时，只有出现了明显的顶部反转迹象时，如图2-16中M区域的情况，投资者方可卖出。投资者卖出时应根据短周期图上相同的KDJ顶部反转特征寻找卖点。

> **小贴士**
>
> 投资者在根据月线进行大波段操作时，当短周期图上因背离现象出现与月线走势相左时，应以月线上 KDJ 指标的提示来进行操作，不要根据短周期图上的情况进行操作。

2.4.2 周线波段操作技巧与策略

因KDJ指标在日线上的波动较快，所以在根据KDJ指标进行操作时，可以根据周线上KDJ指标的变化情况来进行大的波段操作。根据周线提示进行大波段操作，关键在于能够根据周线图上KDJ指标的变化，捕捉到KDJ指标的顶部反转迹象与底部反转迹象，这样才能够充分把握好最佳的入场时机和离场时机，从而实现波段操作获利。

形态特征

（1）在根据周线KDJ指标进行大波段操作时，投资者一定要认清楚KDJ指标的底部形态，即J线低位钝化后向上，与K线与D线出现向上的低位金叉，其后三线呈向上发散的形态。

（2）在根据周线KDJ指标进行大波段操作时，同样需要准确地判断出KDJ指标的顶部形态，即J线高位钝化后向下，与K线和D线出现向下的高位"死叉"，其后三线呈向下发散的形态。

（3）在根据周线KDJ指标进行大波段操作时，如果KDJ指标处于围绕50线的震荡整理阶段，投资者应在其后KDJ指标发出明显向上的信号时再操作；若出现KDJ指标向下，投资者应回避操作，待其弱势震荡结束后，出现底部反转形态时再入场。

形态解读

图2-18是东方雨虹（002271）周线图。图中，当股价上行到E区域时发生了顶背离，并在C2区域，即顶背离结束时发生KDJ"死叉"、三线向下发散，投资者此时应卖出。

当KDJ指标下行到低位震荡后，于R3区域出现KDJ金叉、三线向上发散，且J线低点高于前一低点的情况，即F区域出现了底背离，在R3区域背离结束时，投资者应及时买入。

在其后的上涨趋势里，J线于B区域再次出现高位钝化后转弱，下行与K线和D线发生高位"死叉"，因此，投资者应在C3区域选择卖出。

图2-18　东方雨虹　周线图

图2-19　华明装备-周线图

图2-19是华明装备（002270）的周线图。图中，KDJ指标在经过了前期A段的大幅回落后，又出现了B段的快速回升，其后又出现了C段的回落到50线附近。这说明股价大幅下跌后先出现了快速反弹，又出现了反弹结束，其后KDJ指标进入了一种围绕50线展开震荡的趋势，即D段走势。尽管在此期间，KDJ指标中的J线同样出现了快速向上与向下远离50线的情况，并发生金叉与"死叉"多次，但K线与D线始终处于围绕50线附近的震荡格局，即使到了2017年3月17日，股票出现停牌，震荡格局依然未被打破。因此，这种情况下，投资者是不易进行波段操作的。

买卖点判定

在根据周线波段操作的时候，投资者应在KDJ指标发出明显的底部反转信号时，即J线低位钝化、KDJ金叉、三线向上发散时，抄底买入，如图2-18中的R1区域的情况；投资者应在KDJ指标发出明显的顶部信号，即J线高位钝化、KDJ高位"死叉"、三线向下发散时，逃顶卖出，如图2-18中C3区域的情况。其间还可以根据KDJ指标的不同形态，进行反复的加仓与减仓操作，如图2-18中C1和C2区域、R2和R3区域的情况。

实战指南

（1）在根据周线波段操作的时候，投资者首先要学会看清KDJ指标判断股价大跌后出现的大底的情况，如图2-18中R1区域的情况。

（2）在根据周线波段操作的时候，投资者要学会根据KDJ指标判断股价大涨后出现大顶时的情况，如图2-18中C3区域的情况。

（3）在根据周线波段操作的时候，投资者应及时捕捉期间KDJ指标小区间的波动信号，以做到大波段运行中的小波段操作。

（4）在根据周线波段操作的时候，应当及时捕捉期间可能出现的顶背离与底背离现象，从而确定买入与卖出的时机。

（5）在根据周线波段操作的时候，如果出现KDJ指标围绕50线震荡的情况，应放弃对这只股票的操作，如图2-19所示。

小贴士

在根据周线波段操作的时候，如果出现了围绕50线大幅震荡的情况，可以根据周线的情况，进行日线级别的小波段操作。

2.4.3　日线小波段操作技巧与策略

KDJ指标上下波动较快，因此，对于那些短线小波段操作的投资者来说，是最为适合的，虽然和大波段操作基本相同，小波段操作仍然是要准确寻找到日线上KDJ指标的底部反转形态和顶部反转形态的。因日线上经常会出现KDJ背离，所以，尤其是投资者在寻找底部反转形态时，应及时观察是否出现了底背离，一旦出现，就应从更短周期图上去精准选择在日线底背离现象结束后的短周期图上KDJ形态出现底部反转上涨信号，并及时买入。同样，当日线图显示出明显的KDJ顶部反转形态时，再从短周期图上去捕捉具体的顶部反转信号来选择卖出。

形态特征

（1）在日线小波段操作中，投资者应在日线上KDJ指标的底部反转形态出现后，短周期图上的KDJ底部反转形态出现时，选择买入。

（2）在日线小波段操作中，投资者应在日线上KDJ指标的顶部反转形态出现后，短周期图上的KDJ顶部反转形态出现时，选择卖出。

（3）在日线小波段操作中，投资者在买入操作中，应时刻留意日线上KDJ指标是否发生背离。如若发生底背离，应在底背离结束后，KDJ形态出现底部反转信号时再买入。如若发生顶背离，同样应选择在顶背离结束后，出现明显的KDJ指标遇顶回落的信号时再卖出。

形态解读

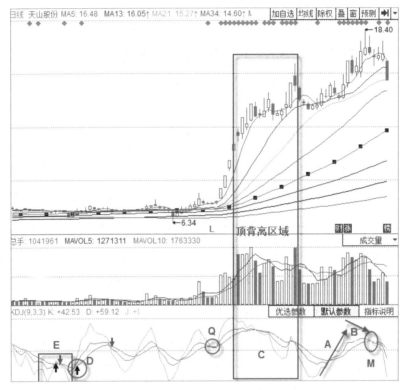

图2-20　天山股份-日线图

图2-20是天山股份（000877）的日线图。图中，KDJ指标经过前期的下行后，在E区域出现J线反复低位钝化，最终在D区域，K线与D线转为震荡平行向上，J线向上与K线和D线金叉、三线向上发散，形成了明显的底部迹象，此时出现调整结束的低位卖点。

其后，KDJ出现了震荡向上，并在Q区域出现向上突破50线后形成了"死叉"不叉形态，说明围绕50线的宽幅震荡已经结束，形成了启动时的买点。

股价及KDJ三线随后出现了相继上行，但到了C区域时，J线出现高位钝化现象，随后，KDJ指标与股价出现指标向下、股价向上运行的顶背离。

当背离结束后，股价与指标恢复正常运行，但KDJ三线很快出现了A股的止跌回升走势，但冲高后此次J线未到达顶部即开始出现B段的回落，并在M区域形成KDJ"死叉"、三线向下发散的情况，此时投资者应果断卖出，从而完成小波段操作的全过程。

至于具体的买卖点，投资者可再从短周期图上去观察，例如日线上在2017年3月25日出现KDJ"死叉"时，可通过观察1分钟图（如图2-21所示）发现，在2017年3月27日上午的上涨过程中，在A区域出现了股价上行、KDJ指标下行的顶背离现象。直到10点14分时这种顶背离方结束，在M区域，KDJ三线发生"死叉"、向下发散的情况，形成了短线高位反转的卖出良机。

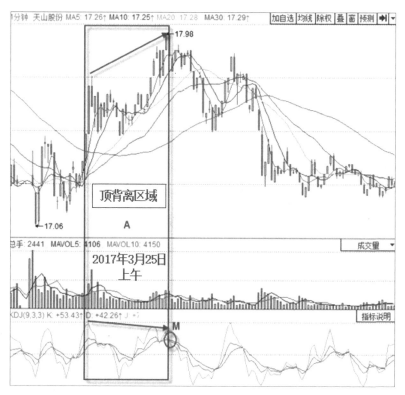

图2-21　天山股份-1分钟图

买卖点判定

在日线小波段操作中，投资者应在KDJ指标低位钝化后、K线与D线平行转向上行，出现KDJ金叉后呈三线向上发散时抄底买入，如图2-20中D区域的情况；若其后出现震荡，投资者应在三线位于50线附近震荡时出现金叉、三线向上发散，或50线之上的"死叉"不叉形态时买入，如图2-20中Q区域的情况。投资者应在J线顶部钝化后回落，发生KDJ高位"死叉"、三线向下发散形态时卖出；若发生顶背离，投资者应在背离结束时出现"死叉"、三线向下发散时卖出。

实战指南

（1）在日线小波段操作过程中，投资者应认准长期下跌或震荡后出现的底部反转信号，即K线与D线低位平行，J线低位钝化后形成KDJ金叉、三线向上发散的形态，如图2-20中E区域与D区域的情况。

（2）在日线小波段操作过程中，如果底部反转后出现KDJ围绕50线震荡的情况，通常会出现50线附近的KDJ"死叉"不叉或金叉后三线向上的形态，此时为投资者的加仓买入时机，即强势震荡后的启动点，如图2-20中Q区域的情况。

（3）在日线小波段操作过程中，投资者在买入后，应选择在J线高位钝化后转向下，与K线和D线高位"死叉"、三线向下发散形态出现时卖出，若此时发生顶背离，则应在背离结束出现KDJ"死叉"、三线向下发散时，选择卖出，如图2-20中C区域与M区域的情况。

（4）在日线小波段操作过程中，投资者应在日线出现底部反转迹象或日线出现顶部反转迹象时，从低级别的K线图上寻找相应最佳的低位买点或高位卖点，如图2-21所示。

小贴士

在日线小波段操作过程中，如果在底部反转时出现了底背离，投资者应在底背离结束后，日线上出现金叉等买入形态时，再根据短周期图上的KDJ指标的买入形态确定买入时机。

第3章
KDJ买入：寻找抄底机遇，抓住低位止跌点

交易的第一前提就是要学会买，但买也有买的学问，例如KDJ指标底部如何确认；KDJ金叉要如何使用才更有效；什么样的KDJ指标形态，才是强势买入的形态……明白了这些，才能避免"闭着眼买入"，做到买有依据。

3.1 KDJ指标底部的确认

3.1.1 股价上涨趋势中的KDJ底部信号

在股价上涨趋势中，一旦KDJ指标发出了底部信号，即K线和D线平行后，J线由下行转为向上时，与K线和D线出现金叉，或是KDJ三线出现"死叉"不叉等现象时，往往就意味着上涨调整行情已经结束。因此KDJ底部信号是一种准确的调整结束时的买入信号。

形态特征

（1）股价上涨趋势中的KDJ底部信号出现时，如果是强势短线整理，往往KDJ三线不会跌破50线，在50线上方，J线向下与K线与和D线形成KDJ"死叉"未叉形态。

（2）股价上涨趋势中的KDJ底部信号，如果调整幅度相对大，KDJ线会跌破50线，运行到底部区域，但通常不会出现J线低位钝化，而是J线向上与平行的K线和D线形成KDJ金叉。

（3）股价上涨趋势中的KDJ底部信号，如果调整幅度相对小，KDJ三线往往会在50线附近出现止跌，形成金叉、三线向上或"死叉"不叉形态。

形态解读

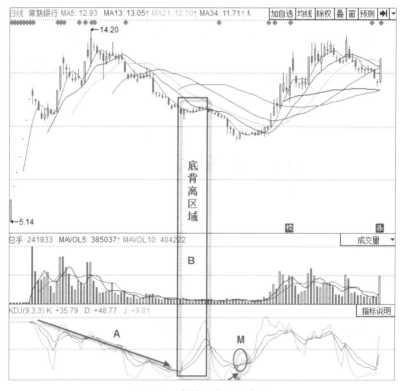

图3-1　常熟银行-日线图

图3-1是常熟银行（601128）的日线图。图中，股价在经历了上市后的大幅上涨后出现调整，KDJ指标也出现了A段的大幅回落。但KDJ指标在B区域出现了轻度的底背离现象，之后恢复正常。KDJ指标在M区域再次下行后，出现了

K线与D线走平后的J线转而上行的KDJ金叉、三线向上形态，同时前期J线的低点也出现了持续上升，形成了KDJ底部信号，因KDJ三线在调整中已接近了底部区域，所以说明深度调整行情已经结束，此时，投资者应及时买入。

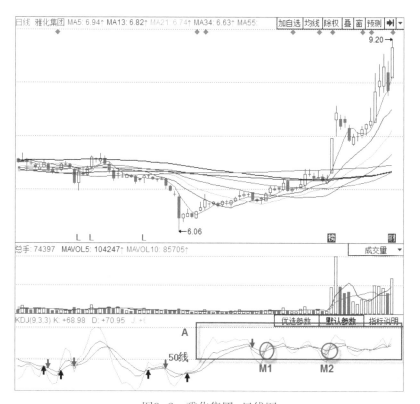

图3-2　雅化集团-日线图

图3-2是雅化集团（002497）的日线图。图中，KDJ指标三线于A区域相继向上突破了50线，形成了上涨趋势。其后的三线震荡上行，于M1和M2区域出现的调整中，都出现了J线短时跌破50线又立即回升的现象，这说明调整幅度相对较弱，并在调整结束后分别出现了KDJ金叉以及三线向上发散的形态，此时，投资者应及时买入。

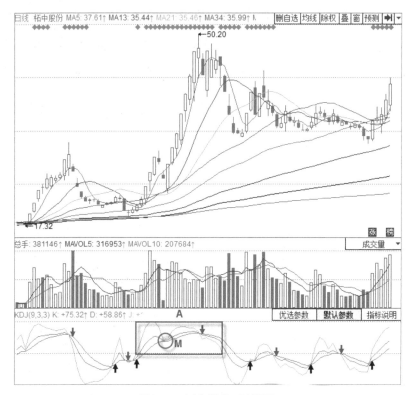

图3-3　柘中股份－日线图

　　图3-3是柘中股份（002346）的日线图。图中，KDJ三线在A区域中先是向上突破50线，其后J线冲高回调，在M区域即将向下接近K线和D线形成"死叉"时，出现了止跌，并转为继续向上运行，形成了"死叉"未叉形态。这说明这只是短时的小幅度的调整，此时，投资者应及时买入股票，因为调整已经结束了。

买卖点判定

　　股价上涨趋势中，投资者应在KDJ指标调整结束点，即出现"死叉"未叉形态时买入，如图3-3中M区域的情况；或在低位出现金叉后三线向上发散时买入，如图3-1中M区域的情况；或在50线附近出现KDJ金叉时买入，如图3-2中M1和M2区域的情况。

实战指南

（1）在股价上涨趋势中，当KDJ指标出现底部买入信号时，应确保KDJ在50线以上运行，且股价处于明显的上涨趋势。

（2）在股价上涨趋势中，当KDJ指标出现调整时，投资者应根据其不同的调整幅度，发现KDJ止跌回升，即调整结束点出现时再买入，如图3-1、图3-2和图3-3所示，不可行动过早，以免因调整未结束而没能把握住最佳买入时机。

（3）当KDJ指标三线未跌破50线即终止下行时，往往是短线极短的调整行情，此时投资者应果断、快速买入，如图3-3中M区域的情况。

（4）在股价上涨趋势中，应随时留意是否会出现底背离，若出现，投资者应在背离结束，KDJ指标与股价恢复正常运行后再寻找KDJ止跌信号，如图3-1所示。

小贴士

　　如果上涨趋势中，股价与 KDJ 指标出现了顶背离，则背离结束点不是买入信号，而是卖出信号，这一点在实际操盘中应引起投资者高度重视。

3.1.2　股价下跌趋势中的KDJ底部信号

股价下跌趋势中，KDJ底部信号往往是KDJ指标下行跌破50线后出现的止跌信号，此时往往是较大级别的调整行情，或是一轮新的上涨趋势即将开始的时候，所以是一种抄大底的信号。因此当KDJ指标发出明显的底部反转信号时，如J线低位钝化后三线金叉、向上发散时，投资者应果断选择买入。

形态特征

（1）股价下跌趋势中的KDJ底部信号出现前，往往KDJ指标与股价均会有较长一段时间的下跌趋势，跌幅越大，KDJ指标低位整理的时间越久，则底部信号准确率越高。

（2）股价下跌趋势中的KDJ底部信号出现时，通常会出现K线与D线已在底部低位区转为平行震荡状态，J线往往会出现低位钝化平行状态。

（3）股价下跌趋势中的KDJ底部信号出现时，投资者应选择在底部
反转信号明确时，即出现KDJ金叉、三线向上发散状态时买入。

形态解读

图3-4 南方轴承-日线图

图3-4是南方轴承（002553）的日线图。图中，在股价经历了A段的下跌，
以及KDJ指标三线经历了B段的持续下跌后，KDJ指标已运行在50线以下的低位
区。在M区域，J线出现了短暂的低位钝化，K线与D线也出现了平行震荡，并很
快转为向上，出现了KDJ低位金叉，三线呈向上发散形态，形成了明显的底部反
转信号，此时，投资者应及时买入。

图3-5　杭氧股份-日线图

图3-5是杭氧股份（002430）的日线图。图中，在股价经历了A段的下跌，以及KDJ指标三线在B段的下行走势后，KDJ指标已运行到了50线之下的底部低位区，并于C区域出现了J线的短时低位钝化，K线与D线也在其后开始走平震荡，但KDJ指标却在C区域与股价形成了底背离，而其背离结束时在F区域出现了低位金叉不叉的情况，说明股价仍将维持低位弱势震荡。因此投资者应在其后的M区域，当KDJ三线震荡后形成向上的金叉、呈向上发散状态时再买入。

买卖点判定

　　股价下跌趋势中的KDJ底部信号出现时，投资者应在底部信号发出止跌反转时，即J线低位钝化后出现KDJ低位金叉、三线向上发散时买入，如图3-4和图3-5中M区域的情况。

实战指南

（1）股价下跌趋势中的KDJ底部信号出现之前，往往KDJ与股价会有一段较明显的下行走势，如图3-4和图3-5中A、B段的情况。

（2）股价下跌趋势中的KDJ底部信号出现时，并不意味着股价会出现即刻止跌，因此，投资者应在底部反转信号出现时再买入，如图3-5中F与M区域的情况。

（3）下跌趋势中的KDJ底部信号出现时，如果出现了底背离，投资者应在背离结束后出现KDJ止跌反转信号时再买入，如图3-5所示。

小 贴 士

　　股价下跌趋势中的KDJ底部信号出现时，如果J线的低位钝化出现后，持续的时间较长，而此时又未发生底背离，投资者可考虑在J线结束钝化拐头向上运行时买入，但前提是必须确保此时的K线和D线呈平行震荡的形态。

3.2　KDJ金叉买入形态

3.2.1　KDJ金叉

　　KDJ金叉，是指当J线在K线和D线之下运行时，出现向上运行，与K线和D线形成由下向上的交叉，此交叉为黄金交叉，简称KDJ金叉。KDJ金叉是一种明显的买入信号，但由于日线或更短周期图上的KDJ指标经常出现金叉，且变化较快，所以，周线和月线上出现的KDJ金叉可信度更高。

形态特征

（1）KDJ金叉出现前，J线往往是在K线和D线之下运行的。

（2）KDJ金叉出现时，J线由下向上运行，出现与K线和D线的交叉。

（3）KDJ金叉出现时，可以出现在50线以上或是50线以下，甚至是50

线附近。相对来说，低位金叉出现时，如果J线刚刚结束低位钝化，D值
在20以下附近，这种金叉往往是底部反转的信号。

形态解读

图3-6 聚隆科技-周线图

图3-6是聚隆科技（300475）的周线图。图中，在M区域，J线在K线
与D线之下运行时，由下行转为上行，并在A区域向上与K线和D线形成了交
叉，且这种交叉出现在50线附近，形成KDJ金叉。因之前KDJ指标围绕50线
展开震荡，所以行情依然会在震荡趋势中震荡走高。

在图3-6中的B区域，J线在K线和D线之下运行时，再次发生向上与K线和D
线的交叉，形成KDJ金叉。因之前J线出现过适时的触底钝化，且金叉是出现在
50线以下的低位，金叉出现后三线明显向上发散，说明股价震荡行情已结束，

上涨趋势正在形成，所以KDJ指标在B区域的形态是明显的买入信号。

图3-7　福安药业-周线图

图3-7是福安药业（300194）的周线图。图中，KDJ三条线位于50线之上震荡上行的过程中，于A区域、B区域、C区域，先后三次出现了J线震荡到K线与D线之下又反转向上与K线和D线的交叉，形成了50线上的KDJ金叉。观察D段KDJ的趋势发现，KDJ三条线一直处于一种明显的缓慢震荡上升状态，且A、B、C三区域属于震荡上行的状态，说明行情为多头上涨震荡中的缓慢上行状态，因此投资者可积极买入。

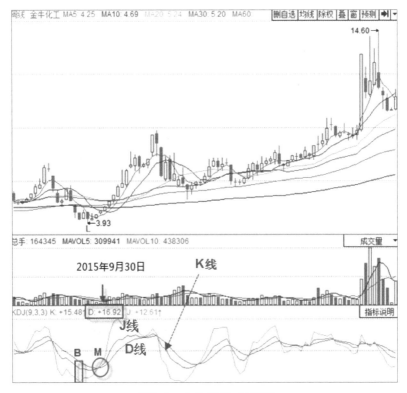

图3-8　金牛化工–周线图

图3-8是金牛化工（600722）的周线图。图中，J线在B区域出现了短时的低位钝化，且D线数值一直小于20，出现超卖的现象。并且在2015年9月30日对应的M区域，J线出现向上与K线和D线的金叉时，D值依然处于小于20的超卖状态，只有16.92。这说明价格已见底，此时投资者应及时买入。

买卖点判定

KDJ金叉出现在周线上时，投资者应在J线出现低位钝化后形成的低位金叉后，KDJ三线向上发散时买入，如图3-6中B区域的情况，或图3-8中M区域的情况。

实战指南

（1）在利用KDJ金叉判断行情时，投资者应从周线或月线的角度进行观察，因其可信度更高。

（2）KDJ金叉出现时，投资者应结合之前KDJ指标的运行趋势进行观察，如果KDJ金叉出现在50线附近，往往是震荡走高的表现，因此时为震荡行情，未来趋势并不明朗，所以投资者应采取继续观望的策略，如图3-6中A区域的情况。

（3）KDJ金叉出现时，如果之前KDJ三线一直呈上升状态，且出现金叉时是出现在50线以上，KDJ三线呈震荡上行的状态，这往往是一种震荡上涨的慢牛行情，如图3-7所示。

> **小 贴 士**
>
> 如果KDJ金叉出现在50线以上，但K线与D线明显为下行趋势，只是J线向下"死叉"后再出现的向上金叉，且三线没有出现明显的向上发散，这往往是股价高位震荡后的次级别反弹，其后转跌的概率极大，投资者应谨慎参与。

3.2.2　突破压力线的KDJ金叉

突破压力线的KDJ金叉，是指发生KDJ金叉时，刚好向上突破了压力线。这种形态的出现，表明这种金叉是一种助涨金叉，其后往往会出现明显的股价持续上涨现象，因此是一种买入信号。

形态特征

（1）突破压力线的KDJ金叉形态出现时，压力线是股价前期上涨时形成的整理高点，或是下跌中大量筹码堆积的地方，对股价未来的上涨构成了一种压力。

（2）突破压力线的KDJ金叉形态出现时，往往成交量会放大。

（3）突破压力线的KDJ金叉形态出现时，KDJ三线必须在完成金叉后，呈明显的三线向上发散的状态。

形态解读

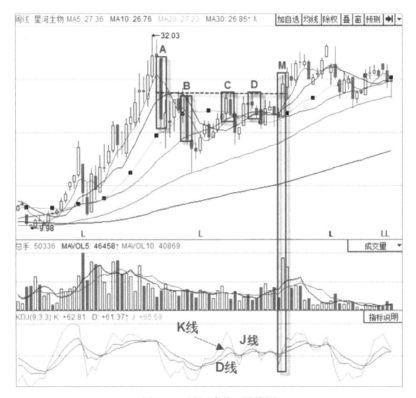

图3-9　星河生物-周线图

图3-9是星河生物（300143）的周线图。图中，股价在经历了前期的上涨后，在B区域至D区域出现了下跌震荡现象，KDJ指标在M区域出现了J线向上与K线和D线的金叉，且三线向上发散现象，并且成交量出现了巨量放大现象。这是因为，股价在A区域高点下跌时，出现了长阴量，对日后股价的向上突破形成了压力，而其后的B区域、C区域与D区域，均为震荡反弹的高点，同时也对M区域的突破形成了巨大的压力。因此放量KDJ金叉突破后，投资者可放心买入。

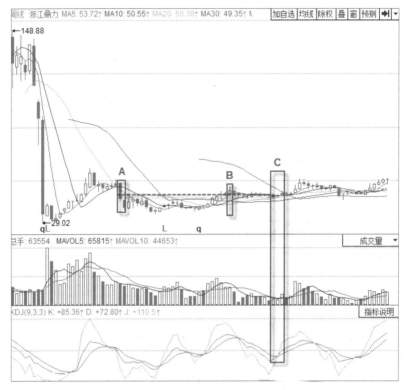

图3-10　浙江鼎力-周线图

图3-10是浙江鼎力（603338）的周线图。图中，股价在经历了A区域至B区域的震荡后，KDJ指标在C区域出现了金叉，并在随后出现了三线明显的向上发散形态。但因前期A区域下跌时出现了放量阴线，B区域形成了震荡高点后回落，所以这些均构成了股价向上突破时的压力，形成了一条压力线。因此KDJ指标金叉突破时，成交量处于地量状态，虽有所放大，但事实上与前期压力点的成交量相比过小。因此说明这种DKJ金叉后三线向上发散的形态只是一种股价虚涨的信号，很难实现真正突破，投资者此时不可买入。

买卖点判定

突破压力线的KDJ金叉出现时，投资者应在三线金叉后向上发散，同时突破压力线，成交量格外放大时买入，如图3-9中M区域的情况。

实战指南

（1）突破压力线的KDJ金叉出现时，投资者应首先准确判断出前期制约股价上涨的震荡高点与前期下跌时的大阴线所形成的压力线，从而才能确定KDJ金叉是否发生在突破压力线的关口，如图3-9与图3-10所示。

（2）突破压力线的KDJ金叉出现时，往往是一种震荡整理行情，但KDJ金叉突破压力线时，成交量必须出现格外放大，超过前期压力线的量，才能实现突破，如图3-9中M区域的情况。而成交量只比近期的成交量出现放大时，不能片面地认为其已实现突破，如图3-10中C区域的情况。

（3）突破压力线的KDJ金叉如果出现在50线以上时，提示买入信号的准确率较高，如图3-9中M区域的情况；突破压力线的KDJ金叉如果出现在50线以下，则提示买入信号的准确率较低，即并不是真的有效突破，其后股价有可能回落，如图3-10的C区域的情况。

> **小贴士**
>
> 突破压力线的 KDJ 金叉出现后，如果成交量也出现了一定的放大，甚至是并不明显的放大，KDJ 三线位于 50 线以下，即使是其后出现 KDJ 三线向上发散，股价在压力线上持续上行，其后往往依然会出现回落，并不是真的有效突破。

3.2.3　K线和D线平行震荡后的金叉

K线和D线平行震荡后的金叉，是指KDJ指标在运行过程中，当三线在上涨或是下跌过程中，突然转为不再上涨或下跌，而是K线与D线出现了平行震荡现象，这往往表明股价从之前的趋势进入了整理阶段，其后或可出现变盘。而其后的KDJ金叉的出现，又表明股价会由跌转涨或高位整理后恢复继续上行，所以是一种提示买入信号形态。

形态特征

（1）K线和D线平行震荡后的金叉形态，如果出现在股价上涨趋势里，往往是在KDJ三线下跌后，位于50线以上或附近，出现K线和D线的震荡平行，而后出现金叉。

（2）K线和D线平行震荡后的金叉形态，如果出现在股价下跌趋势里，往往K线与D线在50线以下的低位区平行震荡，而后发生金叉。

（3）K线和D线平行震荡后的金叉形态，如果出现在KDJ低位上行初期，往往K线与D线在50线附近平行震荡，而后出现金叉。

形态解读

图3-11　亨通光电-周线图

图3-11是亨通光电（600487）的周线图。图中，KDJ三线在A段由底部上行后，在即将向上突破50线前，K线与D线在B区域转为震荡平行，其后J线向上震荡后转为上行，在M区域与K线和D线形成金叉，并且三线向上发散。说明股

价上涨初期的调整已结束，即将步入再次上涨阶段。

图3-12　诺德股份-周线图

图3-12是诺德股份（600110）的周线图。图中，KDJ指标在经历了A段的上涨走势后，出现了调整。在B区域中K线与D线转为平行震荡，J线反复波动后，出现了在50线附近的M区域内的金叉，且KDJ三线呈向上发散形态，说明股价调整已经结束，即将恢复上涨。

图3-13是西山煤电（000983）的周线图。图中，KDJ指标在经历了A段的大幅下行后，运行到了底部区域。先是在B区域出现了J线低位钝化，而后在C区域出现了K线与D线的平行震荡，而后在M区域出现金叉、KDJ三线向上发散现象，说明股价在经历了下跌后的充分底部震荡整理后，即将转势。

图3-13　西山煤电-周线图

买卖点判定

　　K线与D线平行震荡后的金叉出现时，投资者应及时买入，如图3-11、图3-12、图3-13中M区域的情况。

实战指南

　　（1）K线与D线平行震荡后的金叉如果出现在股价长期或短时大幅下跌后，往往是一种大底出现的信号，如图3-13所示。

　　（2）K线与D线平行震荡后的金叉如果出现在股价大幅上涨后，往往是股价调整后再度上涨的信号，如图3-12所示。

　　（3）K线与D线平行震荡后的金叉如果出现在底部反弹后初涨时期，往往是股价短期上涨后的震荡调整结束的信号，如图3-11所示。

小贴士

K线与D线平行震荡后的金叉出现时，如果KDJ三线未出现明显的向上发散迹象，而成交量又没能放量，此时往往不能确认前期的调整行情已经结束，投资者应继续观望。

3.2.4　J线低位钝化+KDJ金叉

"J线低位钝化+KDJ金叉"，是指当KDJ指标经过长期下跌后，J线出现了钝化现象，沿区间下沿平行，其后又发生J线向上运行与K线和D线相交的金叉。这是一种明显的底部反转的买入形态。

形态特征

（1）J线低位钝化+KDJ金叉出现前，往往股价与KDJ指标均会有一段明显的大幅下跌走势。

（2）J线低位钝化+KDJ金叉出现时，往往D线与K线会在J线低位钝化期间呈平行运行的形态。

（3）J线低位钝化+KDJ金叉出现时，往往KDJ指标在金叉发生后会呈三线向上发散的形态。

形态解读

图3-14是晶方科技（603005）的周线图。图中，在经历了股价在A段的长期大幅下跌与KDJ指标在B段的下行走势后，J线于C区域出现了两次低位钝化，并沿指标区间下沿平行。其后J线与K线和D线在M区域呈现出低位平行后的三线金叉、向上发散状态，说明股价趋势已经开始触底反弹。

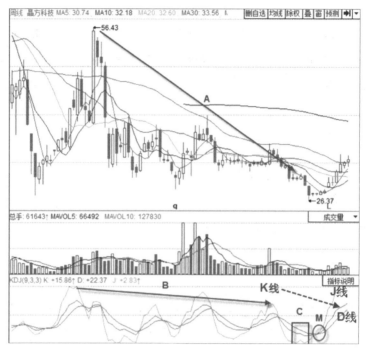

图3-14　晶方科技-周线图

图3-15　华灿光电-周线图

图3-15是华灿光电（300323）的周线图。图中，虽然股价与KDJ指标同样分别经历了A段与B段的下跌及下行走势，并在C区域出现了短时J线的低位钝化，K线与D线的低位平行震荡，且其后三线发生金叉并呈现向上发散状态，出现了反弹上涨的趋势反转，但投资者不能将其以"J线低位钝化+KDJ金叉"形态来看待，因为在E区域出现了"高送转（指送红股或转增股票的比例很大）"的实施。"高送转"从侧面反映了公司的经营状况和盈利能力，不过，影响股价波动的因素众多，"买了高送转，一路往上涨"的说法也是站不住脚的。"高送转"表面上看是增加了公司流通股票的数量，而实际上对公司盈利和股东权益并没有影响。上市公司在"高送转"方案实施当天，就会对股价进行除权处理，股票数量虽然变大，可股价同时被下调，公司的总市值其实并没有发生变化。因此，"高送转"的实质其实是公司内部结构的调整，对投资者来说，应将K线图恢复到除权前或除权后的状态再观察、分析。

买卖点判定

J线低位钝化+KDJ金叉形态出现后，投资者应在该形态成立后呈现三线明显向上发散状态并无其他特殊因素影响时买入，如图3-14中M区域的情况。

实战指南

（1）J线低位钝化+KDJ金叉形态出现前，股价及KDJ三线往往会经历较为明显的长期较大幅度的下跌。

（2）J线低位钝化+KDJ金叉形态出现时，J线低位钝化的时间越长，往往后市反转的信号越可靠。

（3）J线低位钝化+KDJ金叉形态出现时，若股票出现了"高送转"的实施，投资者应将图形恢复到除权前或除权后再观察，如图3-15所示。

小贴士

　　J线低位钝化+KDJ 金叉形态如果出现在一轮短时暴跌行情结束时，往往 J 线低位钝化后 K 线和 D 线平行震荡的时间会较短，但会很快与 J 线一同转为上行，因此反转信号同样可信。

3.2.5　K线与D线20以下的金叉

　　K线与D线20以下的金叉，是指当J线向上与K线和D线发生黄金交叉时，K线和D线的数值均在20以下，这往往是指标在超卖状态下先于股价企稳的表现，因此是一种股价见底时的买入形态。

形态特征

　　（1）K线与D线20以下的金叉形态出现前，往往会发生J线低位钝化。

　　（2）K线与D线20以下的金叉形态出现前，K线与D线往往已处于低位平行震荡转略上行的状态。

　　（3）K线与D线20以下的金叉形态出现前，KDJ金叉的时候，K线与D线的数值均在20以下。

形态解读

图3-16　新纶科技-周线图

图3-16是新纶科技（002341）的周线图。图中，在股价和KDJ指标分别经历了A段与B段的下跌后，J线出现了短时的低位钝化，其后K线与D线震荡走平，但J线随后向上运行，在M区域与K线和D线发生金叉，而金叉出现时，K线的数值为17.64，D线的数值为16.61，均在20以内，形成了K线与D线20以下的金叉形态，说明股价趋势此时已经开始反转。

图3-17　易事特-周线图

图3-17是易事特（300376）的周线图。图中，在股价与KDJ三线分别经历了A段与B段的下跌后，在C区域出现了J线向下钝化后的D区域KDJ金叉现象，且金叉发生时K线数值为6.40，D线数值为9.37，同样均小于20，但是在F区域内，股价却发生了"高送转"的实施，因此投资者不能将其以K线与D线20以下的金叉形态来看待。

买卖点判定

K线与D线20以下的金叉形态出现时，投资者应在此形态成立后出现

KDJ三线向上发散的明显状态，并不受"高送转"的实施影响时买入，如图3-16中M区域的情况。

实战指南

（1）K线与D线20以下的金叉形态出现前，往往会发生J线低位钝化，如图3-16中B段走势末端的情况。

（2）K线与D线20以下的金叉形态，通常出现在50线以下的低位区，如图3-16中M区域的情况。

（3）K线与D线20以下的金叉形态出现时，如果同时受"高送转"实施的影响，投资者应将图形恢复到除权前或除权后再进行观察，如图3-17所示。

小贴士

K线与D线20以下的金叉形态出现时，如果其间发生了底背离现象，则投资者应在底背离现象结束后再出现KDJ金叉、三线向上发散形态时买入。

3.3 KDJ指标强势买入形态

3.3.1 回落50线以下的金叉

回落50线以下的金叉，是指股价由下跌转为上涨趋势后，当股价出现首次回调时，KDJ指标中的三条线回落到了50线以下，此时J线由下向上，穿过K线与D线形成金叉。这往往说明，股价已调整结束，即将开始继续上涨。因此这种形态是一种强势调整后的买入信号。

形态特征

（1）回落50线以下的金叉形态出现前，通常是下跌趋势转为上涨趋势的初期，也就是股价在初次上涨后出现的回调。

（2）回落50线以下的金叉形态出现时，必须发生J线向上与K线和D线的黄金交叉。

（3）回落50线以下的金叉形态出现时，发生金叉的位置必须在50线以下。

形态解读

图3-18　天海防务—日线图

图3-18是天海防务（300008）的日线图。图中，股价在经历了A段的长期下跌后，出现了B段的反弹上涨，接着又出现了C段的下跌回调，并且股价没有跌破前期低点，即出现了止跌回升。在M区域，KDJ三条线均运行到了50线以下，出现J线向上与D线和K线的黄金交叉，形成了50线以下的KDJ金叉，说明股价调整已经结束，投资者此时应果断买入股票。

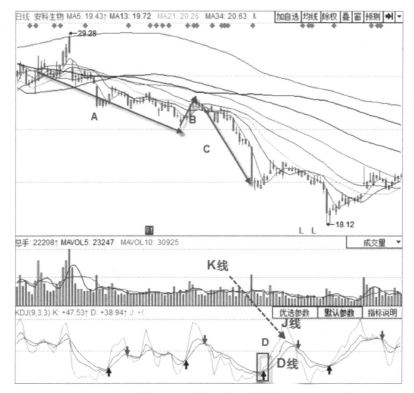

图3-19　安科生物-日线图

图3-19是安科生物（300009）的日线图。图中，股价在经历了A段的下跌后，出现了B段的反弹，但很快再次出现了C段的下跌。而后KDJ三线在D区域回落到了50线以下，并发生J线上穿K线与D线的情况，形成了金叉。

猛一看，安科生物的形态与图3-18中天海防务的情况基本相似，但是安科生物B段的走势不是上涨行情，而只是一段反弹行情。因此投资者不应将D区域的形态以"回落50线以下的金叉"形态来看待。

买卖点判定

回落50线以下的金叉形态出现时，投资者应在KDJ出现金叉的时候买入，如图3-18中M区域的情况。

实战指南

（1）回落50线以下的金叉形态出现前，股价往往有着较明显的下跌趋势（如图3-18中的A段趋势），以及趋势反转后的上涨（如图3-18中的B段趋势）。

（2）回落50线以下的金叉形态出现时，往往金叉出现的位置不会刷新前期的低点，如图3-18中M区域的情况。

（3）回落50线以下的金叉形态出现时，不仅要确保KDJ三线在50线以下，同时也要确保股价前期的下跌趋势已经转为上涨趋势，否则投资者不能将其以调整结束的信号看待，如图3-19所示。

> **小贴士**
>
> 当回落50线以下的金叉形态出现时，通常K线与D线数值在50以上时更为可信，并且此时KDJ中J线向下形成的波浪，浪底是呈后一个较前一个要高的形态。

3.3.2　KDJ"死叉"不叉

KDJ"死叉"不叉形态，是指当KDJ三条线在向下运行的时候，当出现J线即将向下与K线和D线形成"死亡"交叉的时候，没有与K线和D线交叉，即出现了再次向上运行的情况。这种形态的出现，往往说明股价的短期调整已经结束，股价将出现继续上涨的趋势，因此这种形态也是一种弱势的买入信号。

形态特征

（1）KDJ"死叉"不叉形态出现前，KDJ三线大的趋势往往是上涨的，即KDJ三线是位于50线以上运行的状态。

（2）KDJ"死叉"不叉形态出现时，J线方向是向下运行的。

（3）KDJ"死叉"不叉形态出现时，J线向下运行时，在即将向下触及K线或D线时，往往在即将形成"死叉"时不再向下运行，而是转为向上运行。

形态解读

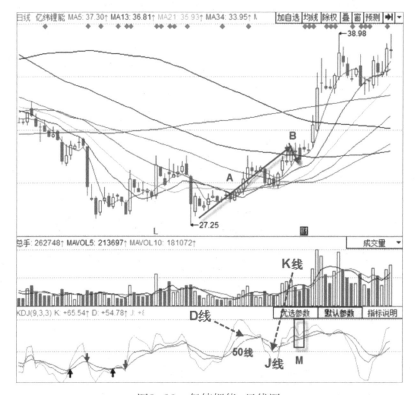

图3-20　亿纬锂能-日线图

　　图3-20是亿纬锂能（300014）的日线图。图中，股价在经历了A段的上涨走势后，又出现了B段的短线调整。在M区域，J线在向下运行的过程中，即将与K线交叉，但并没有交叉即转为掉头向上，形成了KDJ"死叉不死"形态。说明此时股价短线调整行情已经结束，投资者应及时买入股票。

　　图3-21是华测检测（300012）的日线图。图中，股价在经历了A段的下跌后，在B段出现了止跌与小幅反弹，并震荡走高与走低的现象，并在M区域出现了J线在50线以上向下即将与K线交叉，但并未交叉，即止跌回升的情况，此时，同样形成了KDJ"死叉"不叉形态，但由于形态出现时股价为下跌趋势，所以投资者不能买入。

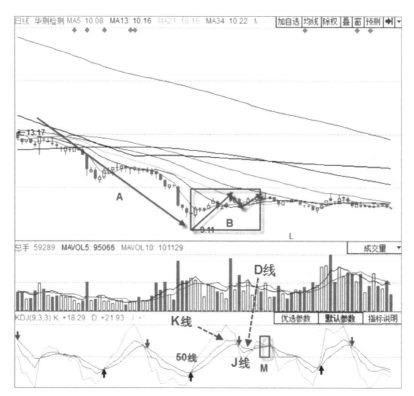

图3-21　华测检测-日线图

买卖点判定

　　KDJ "死叉"不叉形态出现时，投资者应在该形态确认后J线已转头向上运行时买入，如图3-20中M区域的情况。

实战指南

　　（1）KDJ "死叉"不叉形态出现前，必须确保股价为上涨趋势，如图3-20中的A段走势，而非图3-21中的下跌转震荡的反弹形态。

　　（2）KDJ "死叉"不叉形态出现时，必须确保KDJ三线是在50线以上运行的，如图3-20中M区域的情况。

（3）KDJ"死叉"不叉形态出现时，必须确保J线未出现向下与K线和D线的"死叉"，如图3-20中M区域的情况。

3.3.3　50线附近的KDJ二次金叉

50线附近的KDJ二次金叉，是指当股价在上涨趋势中出现向下调整时，KDJ三线出现向下运行到了50线附近时，突然出现了中止下行，并相隔不久，接连出现了两次J线向上交叉K线与D线的情况。这种形态的出现，是股价调整行情结束时的一种强势止跌信号，因此也是一种买入信号。

形态特征

（1）50线附近的KDJ二次金叉形态出现时，往往是股价上涨趋势中的调整行情。

（2）50线附近的KDJ二次金叉形态出现时，必须确保KDJ三线接近50线，或发生在50线略上或略下。

（3）50线附近的KDJ二次金叉形态出现时，KDJ三线必须接连出现两次J线上穿K线与D线的金叉，时间相隔不能过久。

形态解读

图3-22是柘中股份（002346）的日线图。图中，股价在经历了A段的上涨后，出现了B段的调整下跌。但随后在C区域发生了KDJ三线在50线以下接近50线的位置时，J线两次向上与K线和D线的金叉，且时间相隔很近，形成了50线附近的KDJ二次金叉形态。说明股价上涨趋势中的调整已经结束，投资者应果断选择买入股票。

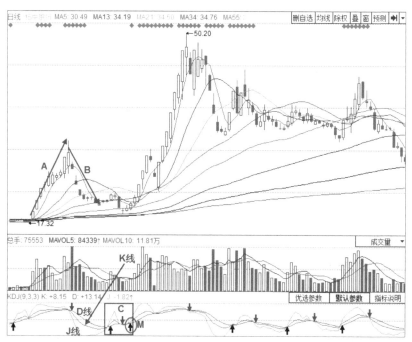

图3-22　柘中股份-日线图

图3-23　康弘药业-日线图

图3-23是康弘药业（002773）的日线图。图中，股价在经历了A段的上涨后，在B区域出现了高位震荡的调整。在C区域，KDJ三线在50线以下接近50线的位置，发生了先后两次的KDJ金叉，但由于第一次金叉发生在2016年11月30日，第二次金叉发生在2016年12月21日，两次金叉发生的时间间隔太久，而通常日线的金叉出现后，其后维持上涨的有效时间为15天至1个月。因此，对于这种形态，投资者不能以50线附近的KDJ二次金叉看待。

买卖点判定

50线附近的KDJ二次金叉形态出现时，投资者应在第二次金叉出现时买入，如图3-22中M区域的情况。

实战指南

（1）50线附近的KDJ二次金叉形态出现时，必须是股价上涨趋势中的回调行情，如图3-22中A段与B段走势。

（2）50线附近的KDJ二次金叉形态出现时，必须确保两次金叉位于50线附近，如图3-22中C区域的情况。

（3）50线附近的KDJ二次金叉形态出现时，两个金叉出现的时间不能相隔太久，否则将失去研判性，如图3-23中C区域的情况。

小贴士

50线附近的KDJ二次金叉形态如果出现在股价的震荡行情中，即使两个金叉出现的时间相隔很近，也不具有参考价值。

第4章
KDJ卖出：捕捉顶部特征，把脉高位止涨点

　　会买的只能是徒弟，会卖的才是师父。而每一个徒弟都始终梦想着有朝一日能成为师父，所以一定要在学会买股票的同时，学会卖股票，这样才能完整地完成一轮操作。因此，投资者要学会分清KDJ顶部形态，要了解强势反转时的KDJ形态，以及弱势转弱的各种形态等。明白了这些，投资者才能把握住卖出的最佳时机。

4.1　KDJ指标顶部的确认

4.1.1　KDJ指标顶部预警信号

　　最直观的KDJ指标顶部预警信号，就是KDJ三条线向上运行到了顶部区域，因为K线与D线运行区间为0~100，三条线均是通过不断上下波动完成指标的运行的，所以当三条线均运行到了区间顶部高位区时，就是最好的股价即将到顶反转的一种高位预警，应当引起投资者的注意。

形态特征

（1）KDJ指标顶部预警信号出现前，往往KDJ三线会有明显的向上突破50线后的持续上行走势。

（2）KDJ指标顶部预警信号出现时，KDJ三线会明显运行到区间顶部高位区。

（3）KDJ指标顶部预警信号出现时，KDJ三线的数值均会保持一种较高的水平。

形态解读

图4-1　连云港-日线图

图4-1是连云港（601008）的日线图。图中，KDJ三线在A段相继向上突破50线后，出现了一段持续上行走势，但到了M区域时，KDJ三条线已经运行到了指标区间的顶部高位区，且此时KDJ三线的数值在B区域的显示均已达到了80以上，说明股价涨势即将到顶，投资者应随时在M区域卖出。

图4-2　城投控股–周线图

图4-2是城投控股（600649）的周线图。图中，KDJ三线在A段向上突破50线后持续上行的过程中，于M区域到达了顶部高位区，且此时对应KDJ三条线的数值在B区域的显示中达到了70左右，说明股价即将见顶，应引起投资者关注。

买卖点判定

KDJ指标顶部预警信号出现时，投资者应在KDJ三线"死叉"或向下发散迹象出现时及时卖出，如图4-1与图4-2中M区域末端的情况。

实战指南

（1）KDJ指标顶部预警信号出现前，往往会有明显的KDJ三线突破50线后的持续上行走势，如图4-1与图4-2中A段的走势。

（2）KDJ指标顶部预警信号出现时，KDJ三线的数值通常是在50以上，越是接近极限值100或是钝化值80以上时，其见顶的信号越强，如图4-1与图4-2中B区域显示的情况。

（3）KDJ指标顶部预警信号出现时，KDJ三条线均已到达顶部区域，但并不是真正见顶了，只是一种即将见顶的信号，因此具体见顶情况投资者应根据KDJ高位"死叉"、三线向下发散形态判断，如图4-1与图4-2中M区域的情况。

（4）KDJ指标顶部预警信号无论出现在日线还是周线上，其KDJ形态是一样的，如图4-1与图4-2所示。

小贴士

KDJ 指标顶部预警信号出现时，不同周期的 K 线图上的预警显示虽然是一样的，但股价见顶后回落的周期却不相同，往往周期越短，股价短期反转的可能性越大；而周期越长，则股价极有可能只是短期的调整，投资者应配合趋势观察。

4.1.2　K线与D线上行渐缓

K线与D线上行渐缓，是指当KDJ指标向上突破50线后，开始了持续上行，但在上行的过程中，到达顶部区域后，J线有可能继续上行，甚至是出现高位钝化现象，而K线与D线却出现上行速度见缓甚至平行的状态。这往往说明，股价即将出现越上行，压力越大的"涨不动"的情况，此时同样应引起投资者的警觉，准备随时在股价回落时卖出股票。

形态特征

（1）K线与D线上行渐缓形态出现前，往往KDJ三线会有明显的在50线之上的向上运行走势。

（2）K线与D线上行渐缓形态出现时，J线可能会出现持续上行，或是高位钝化现象，但通过K线与D线的上行斜率明显可以看出其已处于平行或震荡的状态，同时数值也保持在高水平的震荡。

（3）K线与D线上行渐缓形态出现时，如果J线向下运行，一旦与K线和D线形成"死叉"并出现KDJ三线向下发散现象，这往往是强烈的股价见顶的信号。

形态解读

图4-3　国盛金控-周线图

图4-3是国盛金控（002670）的周线图。图中，KDJ三线经历了在A段50线以上的上行后，J线继续上行并在C区域出现了高位钝化现象，K线与D线却出现了数值一直维持B区域显示的在80～100的高位震荡现象。其后M区域发生KDJ"死叉"、三线向下发散，说明此时股价已见顶回落，投资者应及时卖出股票。

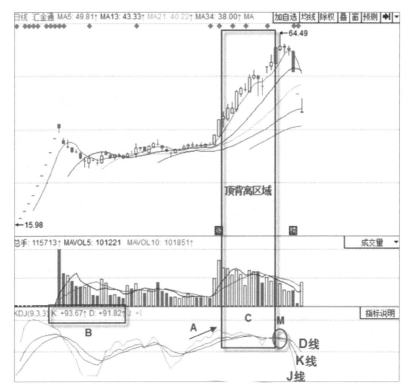

图4-4　汇金通-日线图

图4-4是汇金通（603577）的日线图。图中，在KDJ三线经历了A段的上行
走势后，K线与D线在C区域开始了黏合平行运行的震荡走势，且对应B区域显示
此时的K线与D线的数值维持在了90以上，且J线出现了明显的震荡回落的形态，
说明股价即将见顶。而其后在M区域出现KDJ三线并行震荡后的KDJ"死叉"、
向下发散形态，成为了股价趋势反转前的卖出信号。

买卖点判定

当K线与D线上行渐缓形态出现时，投资者应在出现J线向下与K线和
D线出现高位"死叉"并三线向下发散形态形成时卖出，如图4-3与图
4-4中M区域的情况。

实战指南

（1）当K线与D线上行渐缓形态出现前，不管J线是否会运行到顶部区域，也不管J线是否会出现钝化现象，均会有一段明显的KDJ三线上行的走势，如图4-3与图4-4中A段走势。

（2）当K线与D线上行渐缓形态出现时，如果J线出现持续上行或钝化后转为快速下行，即J线与K线和D线相距较远时，往往是一种股价快速见顶回落的特征，如图4-3中C区域的情况。

（3）当K线与D线上行渐缓形态出现时，即使J线出现了震荡下行，但若与K线和D线相距较近，甚至是出现了三线黏合震荡，或是顶背离现象，投资者也应在背离结束后出现KDJ"死叉"、三线向下发散形态时卖出，而不要过早卖出，如图4-4中C区域的情况。

> **小贴士**
>
> 当K线与D线上行渐缓形态如果出现在1分钟或5分钟等短周期图上，只能作为短线的卖点参考，而更长波段的趋势演变，投资者应根据较长周期图去观察。

4.1.3 J线高位钝化的卖出形态

J线高位钝化现象，是指当KDJ三线在50线以上向上运行的过程中，出现了J线超过100的情况后，沿区域上沿平行的高位钝化现象，这是因J线运行中允许其超越区间0~100的上限100所致。这种形态，通常也是一种股价即将见顶的信号，因此是一种典型的卖出形态，但具体的卖点应结合KDJ"死叉"、三线向下发散的形态来确定。

形态特征

（1）J线高位钝化的卖出形态出现前，必定会有一段KDJ三线在50线以上的上行走势。

（2）J线高位钝化的卖出形态出现时，KDJ三线已经运行到了顶部高位区，且会出现J线沿区间上沿平行运行的状态。

（3）J线高位钝化的卖出形态的出现，只是一种股价顶部即将到来的信号，但真正的反转卖点，应根据KDJ"死叉"、三线向下发散的形态来确定。

形态解读

图4-5　博敏电子-周线图

图4-5是博敏电子（603936）的周线图。图中，在KDJ指标经历了A段的50线以上的向上运行后，在B区域，出现了J线冲高到了区间顶部上沿平行运行的情况，此时J线的数值超过了100，形成了明显的J线高位钝化现象，说明此时的股价已遇顶，因此其后在M区域出现的KDJ"死叉"后三线向下发散状态，成为了股价趋势反转向下的信号。

图4-6　灵康药业-周线图

图4-6是灵康药业（603669）的周线图。图中，在KDJ三线在经历了A段的在50线以上的运行后，在B区域出现了J线短时的沿区间上沿平行的运行现象。其后J线回落，在M区域与K线和D线形成KDJ"死叉"，且三线向下发散，此时投资者应及时卖出。但如果观察之前的趋势会发现，在A段出现前的C区域，KDJ指标一直处于一种围绕50线的较大幅度的震荡状态，这说明M区域的情况只是震荡行情中出现的明显的高点，因此从更长周期的操作看，投资者后市可持续波段操作。

买卖点判定

J线高位钝化的卖出形态出现时，投资者应在J线高位钝化后出现下行形成KDJ"死叉"后，三线呈向下发散形态时卖出，如图4-5与图4-6中M区域的情况。

实战指南

（1）J线高位钝化卖出形态的出现，并不表明J线出现高位钝化后股价会立即转势，只有其后形成KDJ"死叉"、三线向下发散时，方为卖出形态，如图4-5与图4-6所示。

（2）J线高位钝化的卖出形态如果出现在震荡行情中，往往J线高位钝化的时间较短，其后J线回落得较快，且K线与D线此时是位于50线附近的，如图4-6所示。

（3）J线高位钝化的卖出形态出现时，J线高位钝化结束后下行的斜率越大，往往后市转势的可能性越大，如图4-5所示。

> **小贴士**
>
> J线高位钝化的卖出形态出现时，如果同时出现了顶背离现象，投资者应在顶背离现象结束后，出现KDJ高位"死叉"、三线向下发散时再卖出股票。

4.2 KDJ"死叉"卖出形态

4.2.1 KDJ"死叉"

KDJ"死叉"，是指当J线在K线和D线之上运行时，突然转为了向下运行，并且与K线和D线出现了向下的交叉。这种形态的出现，往往意味着股价至少短线会出现下跌。因此KDJ"死叉"是一种典型的卖出形态，但是此时投资者应根据KDJ"死叉"出现的趋势情况综合分析才能确认股价是否会较长周期反转向下。

形态特征

（1）KDJ"死叉"形态出现前，J线必须位于K线和D线之上运行。

（2）KDJ"死叉"形态出现时，是J线由上向下与K线和D线发生的相交。

（3）KDJ"死叉"形态可以出现在50线以上区域，或是出现在50线以下区域。

形态解读

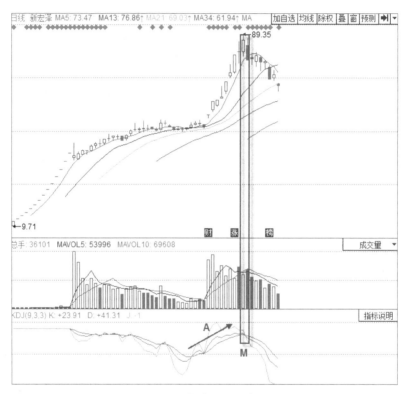

图4-7　新宏泽-日线图

图4-7是新宏泽（002836）的日线图。图中，在KDJ指标经历了A段50线以上的向上运行后，J线在位于K线和D线之上运行的情况下，在M区域出现了向下与K线和D线的交叉，形成了KDJ"死叉"，说明股价即将转为下跌趋势，因此投资者在此时卖出股票。

图4-8　宁波海运-日线图

图4-8是宁波海运（600798）的日线图。图中，KDJ指标在经历了A段的触底反弹后，在由底部上行过程中的B区域出现了J线由上至下与K线和D线的交叉，形成了50线以下的"死叉"。分析之前KDJ指标的运行情况发现，KDJ指标在C区域围绕50线震荡，其后在D区域的拉高震荡后，才出现在A段的下跌后反弹，再次回到了50线附近。因此B区域这一KDJ"死叉"依然只是前期C段震荡行情的一种扩大后的延续，所以属于无效"死叉"，不能将其视为卖出信号。

买卖点判定

KDJ"死叉"出现时，投资者应在"死叉"形态出现后KDJ三线向下发散时卖出，如图4-7中M区域的情况。

实战指南

（1）KDJ"死叉"，必须是J线由上向下与K线和D线形成的交叉，如图4-7中M区域的情况和图4-8中B区域的情况。

（2）通常，出现在股价震荡行情中的KDJ"死叉"，往往只能代表股价震荡高点到来，因震荡幅度不同，所以此时的KDJ"死叉"往往不具有实际参考意义。

（3）发生在50线以上的KDJ"死叉"，往往是股价阶段高点到来的信号。

> **小贴士**
>
> 　　KDJ"死叉"出现时，投资者应结合当前和之前的趋势来综合判断，如果其间出现背离，尤其是在底部低位区出现的KDJ"死叉"，往往是股价弱势震荡的体现，不能作为参考的依据。

4.2.2　KDJ高位"死叉"

　　KDJ高位"死叉"，是指在50线以上的顶部高位区出现J线由上向下与K线和D线的交叉，是一种股价即将转势的信号。但KDJ指标在高位震荡中，尤其是出现顶背离时，这种高位"死叉"往往是不真实的一种表现，所以必须在高位"死叉"形成后KDJ三线向下发散时才能确认股价趋势即将发生反转向下。

形态特征

　　（1）KDJ高位"死叉"形态出现前，往往会有一段明显的KDJ三线突破50线后的上行走势。

　　（2）KDJ高位"死叉"形态出现时，KDJ三线必须在顶部高位区，且其数值相对较高。

　　（3）KDJ高位"死叉"形态出现时，只有形成明显的三线向下发散状态，J线下行的斜率较大时，转势的可能性才更大。

形态解读

图4-9 新华医疗-日线图

图4-9是新华医疗（600587）的日线图。图中，KDJ指标在经历了A段的突破50线后的持续上行后，J线在高位顶部区向下与K线和D线在B区域形成"死叉"。此时对应C区域显示的K线和D线数值均在70～80的高位区，因此可确认为高位"死叉"。其后出现的KDJ三线向下发散形态，成为顶部卖出形态。

图4-10是银鸽投资（600069）的周线图。图中，KDJ指标经历了B段在50线上的向上运行后出现了在A区域的KDJ高位"死叉"，但此时明显是KDJ三线的高位震荡行情，因此可视为无效"死叉"。在其后的C区域，KDJ指标虽多次出现"死叉"与金叉，但均为震荡趋势中出现的，并没形成明显的三线向下发散状态，且发生了顶背离现象，因此在顶背离结束后的M区域出现的高位"死叉"及KDJ三线向下发散的形态，才是真正的股价趋势反转前的高位"死叉"卖出形态。

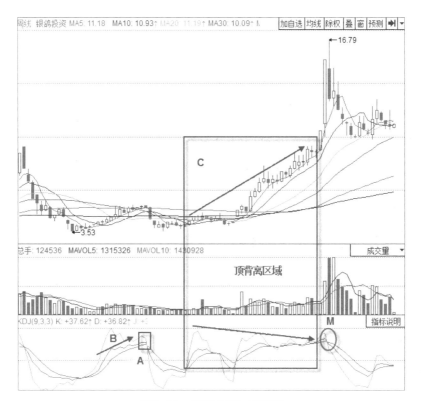

图4-10　银鸽投资-周线图

买卖点判定

KDJ高位"死叉"出现后，投资者应在J线向下的斜率很大，且出现KDJ三线向下发散时卖出，如图4-9所示和图4-10中M区域的情况。

实战指南

（1）KDJ高位"死叉"出现时，这种"死叉"必须出现在指标区间的顶部高位区，才是股价趋势反转的信号，如图4-9所示和图4-10中M区域的情况。

（2）KDJ高位"死叉"形成转势时，往往J线向下的斜率会很大，因此向下与K线和D线形成"死叉"后会出现明显的三线向下发散形态，如图4-9所示和图4-10中M区域的情况。

（3）KDJ高位"死叉"出现时，如果发生了顶背离现象，投资者应在顶背离现象结束后形成"死叉"且KDJ三线向下发散时再卖出，如图4-10所示，此时的回落是股价和KDJ指标恢复上涨后出现的回落。

小贴士

如果发生KDJ高位"死叉"时，J线向下的斜率不大，往往说明此时为KDJ指标的高位震荡行情，其间股价会持续上涨，因此此时的高位"死叉"属于一种无效"死叉"。

4.2.3　K线与D线高位平行后的"死叉"

K线与D线高位平行后的"死叉"，是一种股价高位滞涨的形态，往往此时KDJ三线在上行到顶部高位区后，J线或许依然在上行，甚至反复钝化，而K线与D线却出现了高位平行震荡，结束震荡后会形成J线明显的近乎垂直向下的"死叉"，因此是一种明显的股价高位震荡后回落的顶部反转形态。

形态特征

（1）K线与D线高位平行后的"死叉"形态往往出现在KDJ三线突破50线后持续向上运行到顶部高位区时。

（2）K线与D线高位平行后的"死叉"形态出现时，K线与D线呈相距较近的平行震荡形态。

（3）K线与D线高位平行后的"死叉"形态出现时，在K线与D线平行震荡中，J线或反复震荡出现高位钝化，或出现震荡略向下状态。

（4）K线与D线高位平行后的"死叉"形态出现时，往往J线会出现大斜率地向下与K线和D线的"死叉"，KDJ三线向下分散迹象明显。

形态解读

图4-11　康欣新材–周线图

图4-11是康欣新材（600076）的周线图。图中，KDJ指标在经历了A段的突破50线的上行走势后，于B区域形成了一种在高位区的平行震荡走势，且K线与D线黏合，而J线出现了缓慢向下，在围绕K线与D线展开震荡后，突然出现了向下掉头，在M区域直接与K线和D线形成了"死叉"，三线呈明显的向下发散形态，且J线向下的斜率极大，几近垂直向下，形成了K线与D线高位平行后的"死叉"卖出形态。

图4-12是陇神戎发（300534）的日线图。图中，在KDJ指标经历了A段的突破50线后的上行走势后，J线发生了高位钝化现象。在B区域，K线和D线出现平行黏合的震荡走势，并且J线在中止钝化后反复在高位震荡向下，与K线和D线在M区域形成了向下的"死叉"，且三线呈明显向下发散形态，从而形成了K线与D线高位平行后的"死叉"卖出形态。

图4-12　陇神戎发-日线图

买卖点判定

　　K线与D线高位平行后的"死叉"形态出现时，投资者应在KDJ三线明显向下发散，或J线向下的角度大于60度时卖出，如图4-11和图4-12中M区域的情况。

实战指南

　　（1）K线与D线高位平行后的"死叉"形态出现前，必定会有一段KDJ三线于50线之上的上行走势。

　　（2）K线与D线高位平行后的"死叉"形态出现时，K线和D线高位平行时，J线表现为或是持续高位钝化，或是高位反复震荡，如图4-11和图4-12中M区域的情况。

　　（3）K线与D线高位平行后的"死叉"形态出现时，J线向下与K线和D线形成"死叉"时的斜率，往往意味着后市反转的时间和力度，即向下的斜率越大，其后转跌的速度会越快，如图4-11中M区域的情况。

K 线与 D 线高位平行后的"死叉"形态出现时，如果其间出现了顶背离现象，投资者应在背离现象结束后，股价与指标恢复正常运行后发生 KDJ"死叉"、三线向下发散时再选择卖出股票。

4.3 强势反转形态

4.3.1 J线低位持久钝化

J线低位持久钝化，是指KDJ三线在向下运行过程中，当运行到了区间底部低位区时，J线出现了沿区间下沿平行运行的状态，如果这种J线钝化的时间较长，往往就会形成股价明显的否极泰来的强势反转，此时，投资者应及时买入股票。

形态特征

（1）J线低位持久钝化形态往往出现在KDJ三线在50线以下向下运行的过程中，且接近了底部低位区。

（2）J线低位持久钝化形态出现时，J线沿区间下沿平行的运行状态应相对较长，或出现结束钝化后再次钝化的反复钝化形态。

（3）J线低位持久钝化形态出现时，如果确认底部，此时K线与D线往往是呈平行或略向上运行的状态。

形态解读

图4-13 联美控股-周线图

　　图4-13是联美控股（600167）的周线图。图中，KDJ指标在经历了A段的下行走势后，在B区域时，已运行到底部低位区，并且J线一直处于反复沿区间下沿钝化的形态。其后K线与D线出现下行放缓，并在M区域形成金叉。说明经过了下跌后的低位震荡后，股价已见底回升，因此投资者此时应及时买入股票。

　　图4-14是太原重工（600169）的日线图。图中，KDJ三线在经历了A段的快速下行后，J线到达了低位区，并在B区域，出现了向下的低位钝化，并且这种情况是J线反复震荡后出现的反反钝化，时间较长。其后在M区域又出现了K线与D线的进一步走低后的平行震荡整理，并发生接连两次的低位金叉，三线呈向上发散状态。说明股价上涨过程中的调整行情已经结束，投资者此时应果断买入股票。

图4-14　太原重工-日线图

买卖点判定

J线低位持久钝化形态出现后，投资者应在K线与D线走平后出现KDJ金叉，三线向上发散时买入股票，如图4-13和图4-14中的M区域的情况。

实战指南

（1）J线低位持久钝化形态往往出现在股价下跌趋势中（如图4-13所示）或是上涨趋势的调整行情时（如图4-14所示）。

（2）J线低位持久钝化形态，是股价即将见底回升的信号。在J线低位持久钝化形态出现时，股价通常处于下跌的过程中，只有其后出现K线与D线平行后向上出现KDJ金叉、三线向上发散时，投资者方可买入，如图4-13和图4-14所示。

（3）J线低位持久钝化形态出现时，KDJ指标必须确保是在50线以下的底部低位区。

> ### 小贴士
>
> J线低位持久钝化形态出现时，如果其后 K 线和 D 线无法在低位出现中止下行的震荡整理，则意味着股价仍会不断震荡走低，此时投资者不可贸然买入。

4.3.2　J线大斜率向下的KDJ高位"死叉"

J线大斜率向下的KDJ高位"死叉"，是指当KDJ三线运行到了顶部高位区时，在发生高位"死叉"时，J线向下运行的斜率较大。这往往是股价快速转跌的信号，因此是一种股价顶部强势反转的信号。

形态特征

（1）J线大斜率向下的KDJ高位"死叉"形态出现前，股价与KDJ三线必须有一段明显的上涨趋势，且KDJ指标位于50线以上的高位区。

（2）J线大斜率向下的KDJ高位"死叉"形态出现时，J线往往以自上向下大斜率地发生与K线和D线的"死叉"。

形态解读

图4-15是万通地产（600246）的周线图。图中，在股价经历了B段的上涨时，KDJ三线在A段上行并运行到了高位区。J线在M区域出现了冲高后的快速直线式拐头向下的运行，且斜率很大，并与K线和D线形成了"死叉"，形成了J线大斜率向下的KDJ高位"死叉"的顶部反转形态。

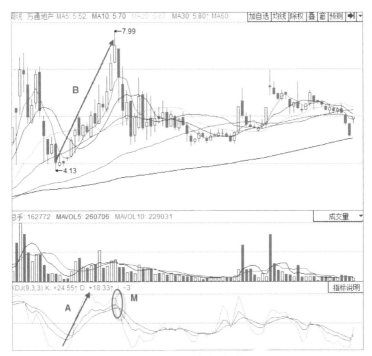

图4-15 万通地产-周线图

图4-16 国电南自-日线图

图4-16是国电南自（600268）的日线图。图中，在股价经历B段的上涨时，KDJ指标在A段上行并到达了顶部区域。K线和D线转平后，J线出现快速冲高后的快速回落，并以极大的角度于M区域与K线和D线形成了高位"死叉"，从而形成了J线大斜率向下的KDJ高位"死叉"顶部反转形态。

买卖点判定

J线大斜率向下的KDJ高位"死叉"形态出现时，投资者应在"死叉"形态形成时卖出股票，如图4-15和图4-16中M区域的情况。

实战指南

（1）J线大斜率向下的KDJ高位"死叉"形态出现前，往往会有明显的KDJ指标与股价的上涨走势，并且KDJ三线已运行到了顶部高位区，如图4-15和图4-16中A段的走势。

（2）J线大斜率向下的KDJ高位"死叉"形态出现时，往往J线会有一段明显的冲高走势，即会向上出现快速远离K线和D线，如图4-15与图4-16所示。

（3）J线大斜率向下的KDJ高位"死叉"形态出现时，J线向下运行的斜率一定要很大，如图4-15和图4-16中M区域的情况。

> ### 小贴士
>
> J线大斜率向下的KDJ高位"死叉"形态出现时，如果股价趋势处于震荡行情，往往这种回落只是从震荡高点的回落，不应作为投资者卖出时的参考依据。

4.3.3 高位三线向下发散

高位三线向下发散，是一种典型的顶部反转的迹象，即KDJ三线在上行到顶部区域后，J线在冲高的过程中，出现向下掉头，在与K线和D线形成"死叉"后，形成了明的KDJ三线向下发散的状态，向下发散的程度越明显，后市股价转跌的可能性越大，因此是一种顶部卖出形态。

形态特征

（1）高位三线向下发散形态出现前，KDJ指标必然会有一段明显的向上运行走势，并且会运行到区间顶部区域。

（2）高位三线向下发散形态出现时，往往会出现一波J线快速的向上运行，与K线和D线拉开较明显的距离。

（3）高位三线向下发散形态出现在J线由上向下与K线和D线发生"死叉"之后。

形态解读

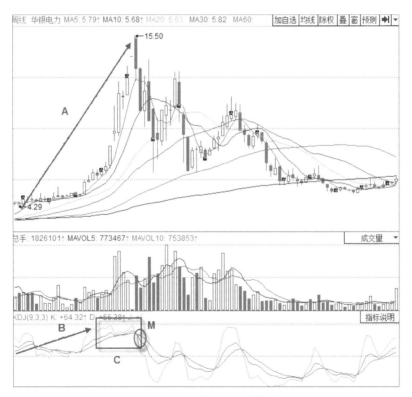

图4-17　华银电力-周线图

图4-17是华银电力（600744）的周线图。图中，在股价经历了A段的上涨，以及KDJ指标经历了B段的上行后，KDJ三线在C区域已运行到了顶部高位

区，并且J线向上出现了一波较快的上行，与K线和D线出现了远离，而后又出现快速掉头向下，在M区域形成了"死叉"，并在"死叉"形成后出现三线明显向下发散的形态，形成了高位三线向下发散的顶部反转形态。

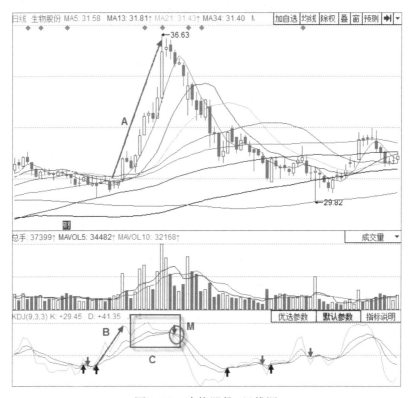

图4-18　生物股份-日线图

图4-18是生物股份（600201）的日线图。图中，在股价经历了A段的上涨，和KDJ指标经历了B段的上行后，KDJ指标到达了顶部高位区，并在C区域出现了J线明显的一波向上运行，与K线和D线拉开了距离，其后又转为掉头向下，在M区域发生KDJ"死叉"后，KDJ三线向下发散，形成了高位三线向下发散的顶部反转形态。

买卖点判定

高位三线向下发散形态出现后，投资者应在KDJ三线向下发散形成后卖出，如图4-17和图4-18中M区域的情况。

实战指南

（1）高位三线向下发散形态出现前，往往股价会和KDJ三线有一段明显的上行走势，如图4-17和图4-18中A、B两段走势。

（2）高位三线向下发散形态出现前，往往J线会出现明显的快速上行走势，与K线和D线出现远离，如图4-17和图4-18中C区域的情况。

（3）高位三线向下发散形态不管出现在日线上还是周线上，或是其他周期的K线图上，均是一种顶部反转形态，如图4-17和图4-18所示。

> **小贴士**
>
> 高位三线向下发散形态如果出现在股价震荡行情里，往往是震荡高点出现的时候，如果此时股价的震荡幅度并不大的话，投资者不应按形态操作要求选择卖出股票。

4.4 弱势转弱卖出形态

4.4.1 50线附近的KDJ金叉不叉

50线附近的KDJ金叉不叉，是指当KDJ指标中的三条线在50线附近运行时，J线向上即将与K线和D线交叉形成金叉，但并未出现交叉，而是即刻转头向下继续运行。这种形态明显是一种转强时突然又转弱的情况，所以属于一种弱势转弱的形态。此时投资者应先行卖出股票，持续观察后再参与。

形态特征

（1）50线附近的KDJ金叉不叉形态出现前，趋势可以是上涨后KDJ三线回落到50线附近的整理，此时往往是继续整理的弱势信号。

（2）50线附近的KDJ金叉不叉形态出现前，或许是KDJ三线由底部低位区上行后出现在50线附近的震荡整理后欲向上突破时，此时往往是突破未果继续弱势整理的信号。

（3）50线附近的KDJ金叉不叉形态出现时，无论之前是哪一种情况，都必须符合J线短线上行过程中，欲向上形成金叉却未出现与K线和D线的交叉即转头向下的形态。

形态解读

图4-19　哈空调-日线图

图4-19是哈空调（600202）的日线图。图中，KDJ指标在经历了A段的突破50线后的上涨趋势后，冲高后在B段出现了回调。当运行到即C区域时KDJ三线回调到了50线附近，J线出现了向上欲与K线和D线金叉，但未出现交叉的情况。J线即再次向下拐头，形成50线附近的KDJ金叉不叉形态。说明此时股价调整还未结束，因此投资者应持续观望后再买入。

图4-20　南纺股份-日线图

图4-20是南纺股份（600250）的日线图。图中，KDJ指标经历了A段的由高位回落后，一直处于震荡走弱的状态，而后出现在B段触底后的反弹。在M区域，当KDJ三线即将向上接近50线时，出现了J线即将上穿K线和D线的金叉，但未及上穿即出现了J线的掉头向下，形成了50线附近的KDJ金叉不叉形态。说明股价及KDJ指标未真正触底，股价将继续弱势震荡，投资者短线应卖出，暂时回避。

买卖点判定

50线附近的KDJ金叉不叉形态如果出现在股价上涨趋势中出现的回调行情中，投资者应在该形态出现后的明显回升信号（如金叉）出现时买入，如图4-19中M区域的情况；50线附近的KDJ金叉不叉形态如果出现在股价下跌趋势里，投资者应在该形态成立后再出现底部反转形态时买入。

实战指南

（1）50线附近的KDJ金叉不叉形态出现时，投资者应首先分清是在股价上涨趋势中的调整行情（如图4-19所示），还是在股价下跌趋势里的回升时期（如图4-20所示），以找出相应对策。

（2）50线附近的KDJ金叉不叉形态出现时，如果为股价上涨趋势中的调整行情，该形态往往是调整未结束的信号，投资者短线应回避。但持有者应保持持股不卖，因为此调整已接近尾声，如图4-19中M区域的情况。

（3）50线附近的KDJ金叉不叉形态如果出现在股价下跌趋势里的回升时期，说明股价仍未跌到位，此时投资者同样需要回避，因股价下跌趋势中的跌势往往会超出预期，投资者应在股价触底企稳时再买入，如图4-20所示。

> **小 贴 士**
>
> 　　50线附近的KDJ金叉不叉形态如果出现在震荡行情，成交量又保持着相对的低量，50线附近的KDJ金叉不叉形态的可信度将大大降低，不具有操作参考价值。

4.4.2　KDJ指标50线附近的接连"死叉"

KDJ指标50线附近的接连"死叉"，是指在KDJ运行过程中，KDJ三线在50线附近的位置出现的接连"死叉"。这种形态如果出现在股价下跌趋势里，则往往是一种弱势转弱的信号，因此投资者应及时卖出。

形态特征

（1）KDJ指标50线附近的接连"死叉"形态出现时，如果是弱势转弱，必须是KDJ接连"死叉"发生在50线附近时，整个股价趋势为下跌趋势。

（2）KDJ指标50线附近的接连"死叉"形态必须出现在50线附近的位置，可以是在50线之上，也可以是在50线以下。

（3）KDJ指标50线附近的接连"死叉"形态出现时，在50线附近必须接连出现至少两次"死叉"，且其相隔时间不能太长。

形态解读

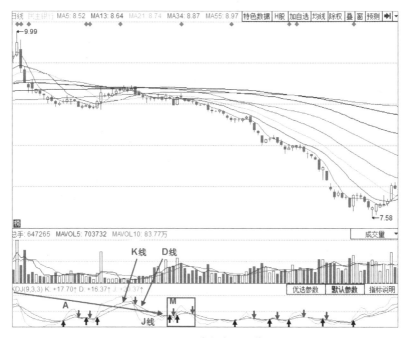

图4-21　民生银行-日线图

图4-21是民生银行（600016）的日线图。图中，KDJ指标在经历了A段的下行走势后，在M区域50线下方附近出现接连两次的"死叉"。这说明股价下跌趋势未止，投资者应选择回避，待KDJ发生触底信号时再买入。

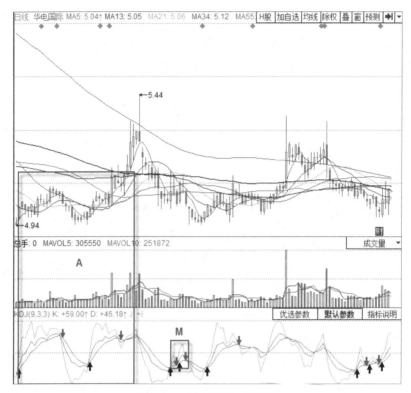

图4-22 华电国际-日线图

图4-22是华电国际（600027）的日线图。图中，在A区域，股价处于震荡行情，KDJ指标也处于一种宽幅震荡的格局。其后，在M区域，KDJ三线在50线附近接连出现两次"死叉"。因之前为震荡行情，所以这种KDJ指标50线附近的接连"死叉"形态，不具有任何参考价值。

买卖点判定

KDJ指标50线附近的接连"死叉"形态如果出现在股价下跌趋势里，投资者应在最后一个KDJ"死叉"形成时卖出，如图4-21中M区域末端的情况。

实战指南

（1）KDJ指标50线附近的接连"死叉"形态如果出现在股价下跌趋势中，往往是弱势转弱的情况，如图4-21中A区域的情况。

（2）KDJ指标50线附近的接连"死叉"形态出现时，两个发生在50线附近的"死叉"应相隔时间很短，如图4-21中M区域的情况，否则将失去参考意义。

（3）KDJ指标50线附近的接连"死叉"形态出现时，如果此时股价为震荡趋势，如图4-22中A区域的情况，KDJ指标50线附近的接连"死叉"形态将不具有参考意义。

> **小贴士**
>
> KDJ指标50线附近的接连"死叉"形态如果出现在股价上涨趋势的调整行情中，往往是低位反复震荡的表现，此时，投资者不仅不应卖出，反而应在其后企稳时买入。

第5章

KDJ+K线：K线经典形态指引，KDJ指标确定买卖点

K线形态，尤其是很多经典形态，许多时候并不是形态不够准确，而是因为形态出现时，KDJ指标没有发出信号，或发出的相关信号不正确，所以才导致了K线经典形态的失败。因此，认清K线形态的同时，还要看清KDJ指标的信号，这样的形态才符合它真实的含义。

5.1 KDJ指标+经典K线买入形态分析

5.1.1 KDJ指标+"红三兵"形态

KDJ指标+"红三兵"形态，是指当K线图上出现接连三根大小相近的上升阳线，呈现"红三兵"形态时，KDJ指标发出了低位金叉、三线向上发散的形态，因此是一种KDJ指标对上涨形态进一步确认的买入形态。

形态特征

（1）"红三兵"形态出现时，K线图上必须有三根大小相近的阳线组成，且后一根K线实体在前一根K线实体之上，呈"红三兵"形态。

（2）"红三兵"形态出现时，KDJ指标出现低位金叉后，三线呈向上发散的状态。

（3）往往出现在股价上涨初期的"红三兵"是加速上涨的形态，而此时KDJ指标通常是在底部低位区出现后的回升状态。

形态解读

图5-1 华夏幸福–日线图

图5-1是华夏幸福（600340）的日线图。图中，KDJ指标在经历了该股经过前期A段的触底回升后，K线上于B区域出现了三根阳线，每一根阳线均在前一根实体之上，呈上升状态，且三根阳线大小相近，形成了"红三兵"形态。同时，在M区域，出现了KDJ触底回升后的低位金叉、三线向上发散形态，因此是一种强烈的买入信号。

图5-2　雪人股份-日线图

图5-2是雪人股份（002639）的日线图。图中，KDJ指标在经历了A段的触底回升后，在B区域的K线中的相对低位区出现了三根阳线，但三根阳线一是实体大小相差较大，二是后一根阳线实体未在前一根实体之上，所以不构成"红三兵"形态，因此投资者不能将其以股价加速上涨的信号来看待。

买卖点判定

"红三兵"形态出现时，投资者应在K线上出现"红三兵"期间，KDJ指标发出低位金叉、三线向上发散形态时买入，如图5-1中B区域与M区域的形态。

实战指南

（1）投资者必须确保K线上"红三兵"形态成立后方可判断，如图5-1中B区域的情况。

（2）K线上呈"红三兵"形态时，必须确保KDJ指标呈明显的触底回升状态，如金叉后三线向上发散，如图5-1中M区域的情况。

（3）如果KDJ指标为触底回升形态时，K线上没有符合"红三兵"的形态，如图5-2中B区域的情况同样不能确认其后股价会出现加速上涨的趋势。

> **小贴士**
>
> "红三兵"形态出现在股价的高位区，KDJ 指标也处于 50 线以上的高位区，此时往往是股价即将结束上涨的信号，投资者不应追涨买入。

5.1.2　KDJ指标+V形底形态

KDJ指标+V形底形态，是指在KDJ指标运行过程中，K线上经过了一段明显的下跌后，前一天出现一根阴线下跌，其后出现阳线的快速回升，形成了像英文字母"V"的形状，构成V形底。而KDJ指标中的J线也呈现出了不同程度的V形，并呈触底回升状态。因此，V形底形态是KDJ指标对K线价格快速反转的一种确认。

形态特征

（1）V形底形态出现前，股价往往会有一段明显的下跌走势。

（2）V形底形态出现时，K线图上应确保呈V字形的底部反转形态。

（3）V形底形态出现时，KDJ指标中的J线呈形似V形的触底回升状态，K线与D线处于平行后转而上行，并出现KDJ金叉、三线向上的发散形态。

形态解读

图5-3是法拉电子（600563）的日线图。图中，在股价经历了A段的下跌走势后，K线上的B区域中，先是出现了一根阴线下跌，其后出现长下影线的类十字星下跌，再其后又出现明显的阳线回升，构成V形底形态。同时，KDJ指标中的J线在C区域也形成了向下的触底回升状态，同样呈V字形。且KDJ指标在其后的M区域出现了金叉、三线向上发散状态，因此此时为股价趋势突然反转的买入

信号。

图5-3 法拉电子-日线图

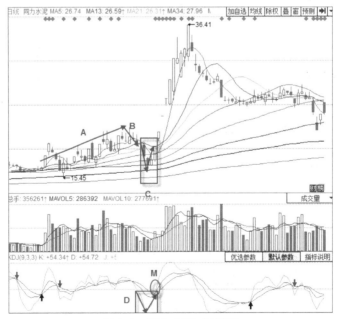

图5-4 同力水泥-日线图

图5-4是同力水泥（000885）的日线图。图中，股价在经历了A段的上涨后，出现了B段的调整行情，并在C区域形成了先是阴线下跌后为阳线上升的V形底形态。同时KDJ指标中的J线在D区域出现了快速下探，也形成了一个V字形触底回升形态。并且在其后的M区域出现KDJ金叉后三线呈向上发散形态，因此投资者同样可以将其确认为股价趋势快速反转的信号。

买卖点判定

V形底形态出现时，投资者应在K线上V形底成立时，J线下探回升后出现KDJ金叉后三线向上发散时买入，如图5-3和图5-4中M区域的形态。

实战指南

（1）V形底形态出现前，股价必须有一段明显的下跌走势，如图5-3中A区域和图5-4中B区域的情况。

（2）V形底形态出现时，K线上必须呈明显的V形底形态，如图5-3中B区域和图5-4中C区域的情况。

（3）V形底形态出现时，J线必须也呈触底回升状态，且发生KDJ金叉后三线向上发散形态时，投资者方可买入，如图5-3和图5-4中M区域的情况。

> **小贴士**
>
> V形底形态如果出现在一轮股价暴跌行情中，往往会在反转时出现巨量成交阳量，J线会呈快速回升的状态，这同样是一种买入信号。

5.1.3　KDJ指标+岛形底形态

KDJ指标+岛形底形态，是指当K线上出现向下跌空低走的缺口时，其后又出现向上跳空高开的缺口，形成一个像孤岛一样的岛形底时，KDJ指标也出现了K线与D线的低位平行震荡，并发出KDJ指标金叉、三线向上发散信号时的一种底部反转形态。

形态特征

（1）岛形底形态必须是出现在股价经历了一段明显的下跌趋势后。

（2）岛形底形态出现时，K线上必须形成明显的先是向下的跳空缺口，震荡后出现向上的跳空缺口，两个缺口在同一水平，即形成岛形底。

（3）在岛形底形成过程中，J线必须有明显的触底回升迹象，K线和D线经过横盘低位震荡后出现KDJ金叉、三线向上发散形态。

形态解读

图5-5　大庆华科–日线图

图5-5是大庆华科（000985）的日线图。图中，股价在经历了A段的下跌后，在K线上的B区域，先是向下跳空低开，在低位震荡后，突然又出现向上跳空高开，留下一个向上的缺口，两个缺口在同一水平，形成了岛形底。KDJ指标

中，J线在此期间的C区域中出现了明显的探底后回升，K线与D线出现低位平行震荡，而后在M区域发生金叉、三线向上发散，形成了明显的底部反转形态。

图5-6　钱江摩托-日线图

图5-6是钱江摩托（000913）的日线图。图中，股价在经历了A段的下跌后，于B区域，先是出现向下的跳空低开，低位震荡后又出现向上的跳空高开，但是却在D区域中留下了长长的下影线，未能形成缺口。尽管KDJ指标中J线同时在C区域中出现了触底回升，K线与D线震荡后的KDJ金叉、三线向上发散形态，但岛形底形态不能确认，所以投资者不能将其以岛形底形态来看待。

买卖点判定

岛形底形态出现时，投资者应在岛形底成立的同时，KDJ发生金叉后三线向上发散时买入，如图5-5中M区域的形态。

（1）岛形底形态出现时，必须是在下跌趋势中出现的岛形底，首先应确认岛形底形态，如图5-5中B区域的情况。

（2）岛形底形态出现时，同时J线会有明显的触底回升迹象，K线与D线有过平行震荡的过程，如图5-5中C区域的情况。

（3）岛形底形态出现时，最佳的切入点为其后出现KDJ金叉、三线向上发散时，不可过早，如图5-5中M区域的情况。

> **小 贴 士**
>
> 岛形底形态如果出现在股价长期下跌后出现的，这往往是最后一跌的空头陷阱，是大底的象征；而如果出现在股价上涨过程中的回调时，这通常是强势反转的信号，其后的行情投资者应随时观察来判断。

5.1.4 KDJ指标+曙光初现形态

KDJ指标+曙光初现形态，是指股价在下跌的过程中，K线上出现了一根中型以上的阴线，次日出现了一根低开高走的阳线，并深入到前一天阴线的一半以上时，形成曙光初现形态，KDJ指标同时发出了触底回升的信号，因此该形态是一种股价趋势反转时的买入形态。

形态特征

（1）曙光初现形态出现时，K线上必有两根一阴一阳的K线，且第二根阳线必须在第一根阴线之下开盘，收盘在前一根阴线实体一半以上，形成K线曙光初现形态。

（2）曙光初现形态出现前，往往为股价的下跌趋势。

（3）曙光初现形态出现时，KDJ指标往往会出现J线触底后的回升，并形成低位金叉后三线向上发散的状态。

形态解读

图5-7　中国动力–日线图

图5-7是中国动力（600482）的日线图。图中，股价在经历了A段的下跌后，于B区域中两个相邻的交易日分别出现了一根阴线和一根阳线，阳线开盘在阴线实体之下，收盘又达到了阴线的一半以上。同时在C区域的KDJ指标出现了J线的触底回升，K线与D线平行震荡后，于M区域形成低位金叉后三线向上发散形态。因此，投资者可以确认曙光初现形态的反转形态成立。

图5-8是京能置业（600791）的日线图。图中，股价在经历了A段的下跌后，于B区域中两个相邻的交易日先是延续了之前的下跌趋势，出现了一根长阴线，后又直接大幅低开，但却出现了持续的高走，最终收盘出现了高收，几乎与前一日的阴线实体持平。同时，在M区域的J线出现了明显的触底回升，并发生

金叉后三线向上发散，说明曙光初现的反转形态成立。

图5-8　京能置业-日线图

买卖点判定

　　曙光初现形态形成后，投资者应在J线触底回升后出现KDJ金叉并形成三线向上发散时买入，如图5-7与图5-8中M区域的情况。

实战指南

　　（1）曙光初现形态通常出现在一段股价下跌趋势中，包括短线下跌，如图5-7和图5-8中A段走势的情况。

　　（2）曙光初现形态出现时，K线上必须由两根一阴一阳的K线组成，阳线要在阴线实体下低开，收于至少阴线实体的一半以上，如图5-7和图5-8中B区域的情况。

（3）曙光初现形态出现时，J线往往有着明显的触底回升迹象，且会在其后形成金叉、三线呈向上发散形态，如图5-7和图5-8中M区域的情况。

（4）曙光初现形态出现时，如果阳线收盘远远超过阴量一半以上时，KDJ金叉又发生在低位向上接近50线的位置，表明反转可能性更大，如图5-8中M区域的情况。

> **小贴士**
>
> 曙光初现形态，如果出现在市场处于熊市的时候，则必须满足第二根阳线的最低价必须是13个交易日以来的最低价，且J线此时会发生低位钝化现象。

5.1.5 KDJ指标+旭日东升形态

旭日东升形态，同样是由两根一阴一阳的K线组成的，是股价在下跌趋势中，K线上突然出现一根大阴线，其后又出现了一根略微高开的阳线，并且收盘在前一根阴线实体之上。当旭日东升形态出现时，如果要确认形态成立，往往KDJ指标会同时发出明显的触底回升信号。

形态特征

（1）旭日东升形态出现前，股价往往会有一段明显的下跌走势。

（2）旭日东升形态出现时，K线上会出现一阴一阳两根相邻的K线，阳线通常不会创出新低，并且收盘必须在阴线实体之上。

（3）旭日东升形态出现时，J线往往会出现明显的触底回升的状态，并形成KDJ金叉后三线向上发散形态。

形态解读

图5-9　华电国际-日线图

图5-9是华电国际（600027）的日线图。图中，股价在经历了A段的下跌后于B区域先是出现了一根阴线，后又出现了一根阳线，并且阳线高收于阴线之上。同时，在M区域中，J线出现向下触底后回升，并形成金叉、三线向上发散的形态，因此可将其确认为旭日东升的反转形态。

图5-10是中国石化（600028）的日线图。图中，在C区域两个相邻的交易日，股价出现了一阴一阳两根K线，阳线收出一根光头光脚阳线，且在阴线之上。从形态看为旭日东升形态，并且也是股价在A段下跌后，B段回升之初出现的，但KDJ指标却显现三线已经运行到了顶部高位区，因此投资者不能以趋势反转的旭日东升形态看待。

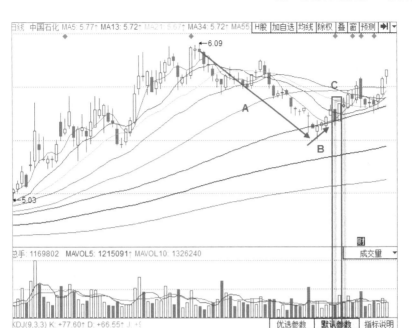

图5-10　中国石化-日线图

买卖点判定

　　旭日东升形态出现后，投资者应在J线触底回升发生KDJ金叉后出现三线向上发散形态时买入，如图5-9中M区域的情况。

实战指南

　　（1）旭日东升形态出现前，股价必定会有一段明显的下跌走势，如图5-9中A区域的情况。

　　（2）旭日东升形态出现时，第二根阳线往往不能创出新低，并收盘在第一根阴线之上，如图5-9中B区域的情况。

　　（3）旭日东升形态出现时，如果K线上满足旭日东升形态要求，但同时KDJ指标不适合买入条件，投资者同样不能买入，如图5-10所示。

5.1.6　KDJ指标+蚂蚁上树形态

　　蚂蚁上树形态，是由至少5根小阳线组成的一种K线形态，这5根小阳线实体较小，但呈现逐渐向上移动的形态，并且成交量也很小。在此期间，一旦KDJ指标出现金叉后三线向上发散，即为该形态确认后的买入信号。

形态特征

　　（1）蚂蚁上树形态出现时，往往是股价在告别低位区后的初涨时期，此时短期均线往往已出现向上运行状态，中期均线处于已经或即将走平状态。

　　（2）蚂蚁上树形态必须由至少5根以上的呈缓慢上升状态的小阳线组成。

　　（3）蚂蚁上树形态出现时，KDJ指标往往处于三线即将向上突破50线，出现金叉、三线向上分散形态。

形态解读

　　图5-11是南方航空（600029）的日线图。图中，股价在经历了A段的初步上涨后，在C区域的5个交易日中，接连出现了5根小阳线，呈向上缓慢上行的态势，且成交量均不大。在对应的B区域，KDJ指标发生了在50线附近的金叉，其后三线呈向上分散形态，因此宣告蚂蚁上树形态成立。

图5-11　南方航空-日线图

图5-12　长城汽车-日线图

图5-12是长城汽车（601633）的日线图。图中，KDJ指标在经过了A区域的围绕50线的震荡过程中，于B区域出现了金叉且三线向上发散状态，成交量也处于较小状态，短期均线已向上，中期均线已走平，但是K线上只接连出现了4

根小阳线，中间夹杂着1根小阴线，虽然也呈向上运行状态，但在5根上升K线的尾声时J线已上行至顶部区域，因此投资者不能将其以蚂蚁上树形态来看待。

买卖点判定

蚂蚁上树形态出现时，投资者应在蚂蚁上树形态形成后，KDJ金叉出现、三线向上发散时买入，如图5-11中B区域的形态。

实战指南

（1）蚂蚁上树形态出现时，往往是股价初步上涨后的时期，即KDJ触底回升过程中围绕50线震荡整理时期。

（2）蚂蚁上树形态出现时，K线上必须出现5根接连呈上升状态的小阳线，中间不能出现哪怕1根小阴线或阴十字星，且成交量较小，如图5-11中A区域的情况。

（3）蚂蚁上树形态出现时，KDJ指标往往会出现50线附近的金叉后三线向上发散的形态，如图5-11中B区域的情况。

小贴士

蚂蚁上树形态如果出现在股价高位区，KDJ指标往往是位于顶部高位区的，此时成交量往往较大，因此不能作为股价加速上涨的买入形态看待。

5.2 KDJ指标+经典K线卖出形态

5.2.1 KDJ指标+倒V形顶形态

倒V形顶形态，是指K线在上涨趋势里，先是出现快速的阳线上涨，其后又出现阴线下跌，形成了一个形态像倒写的英文字母"V"的形状。在此期间，一旦出现J线高位钝化后转为下行，形成KDJ高位"死叉"、三线向下发散等形态，往往是明显的卖出信号。

形态特征

（1）倒V形顶形态出现前，往往股价会有一段明显的上涨走势。

（2）倒V形顶形态出现时，股价必须先出现接连快速上涨，其后又出现快速下跌，形成一个倒写的V字形。

（3）倒V形顶形态出现时，如果确认股价主趋势反转，J线往往会出现高位钝化，或向下快速回落，形成KDJ"死叉"后三线向下发散的形态。

形态解读

图5-13是明泰铝业（601677）的日线图。图中，股价在经历了A段的上涨后，于B区域先是出现了接连上行，而后又出现快速下行，形成了一个倒写的V字形。而在对应的M区域，出现了J线高位钝化后的"死叉"、三线向下发散，因此可确认此倒V形顶的反转形态成立。

图5-14是滨化股份（601678）的日线图。图中，股价在经历了A段的上涨后，在C区域，出现了接连阳线上涨后的阴线，形成了一个倒V形顶。但在此之前的B区域却发生了顶背离现象，而背离区域覆盖了倒V形顶的左侧，同时在KDJ指标区域，出现了J线冲高后的回落。而在M区域出现"死叉"后又发生金叉不叉且三线向下发散的现象，而此时顶背离已结束，投资者应及时卖出股票。

图5-13　明泰铝业-日线图

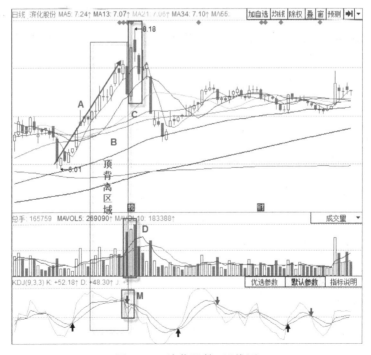

图5-14　滨化股份-日线图

买卖点判定

倒 V 形顶形态出现时，投资者应在 KDJ 高位"死叉"后三线向下发散时卖出，如图 5-13 中 M 区域的情况；但是如果其间发生顶背离现象，投资者应在顶背离结束后，KDJ 出现顶部回落形态，如"死叉"或金叉不叉等形态时卖出。

实战指南

（1）倒 V 形顶形态出现时，应观察其间是否出现了顶背离，如果出现了顶背离，投资者应在背离结束后，KDJ 指标发出顶部转跌的信号时卖出。

（2）倒 V 形顶形态出现时，如果其间出现成交阴量的巨量放大时，KDJ 指标只要出现一个顶部特征，如"死叉"或三线向下发散时，投资者即可卖出，如图 5-14 中 D 区域与 M 区域的情况。

（3）倒 V 形顶形态出现前，J 线通常会出现高位钝化现象，如图 5-13 和图 5-14 所示。

倒 V 形顶形态如果出现在了股价震荡行情中，成交量不大，并且其间形成"死叉"时又是在 50 线附近，这往往只是震荡高点出现回落的象征，不具有任何参考价值。

5.2.2　KDJ指标+岛形顶形态

KDJ 指标+岛形顶形态，即股价在上涨趋势里，突然出现了跳空高开式的快速上涨，留下了一个向上的跳空缺口，其后高位震荡后，又出现了一个向下的跳空缺口，两个缺口在同一水平高度，形成一个像孤岛一样的形态时，KDJ 指标却出现了 J 线在高位反复向上震荡后大斜率地向下运行，出现 KDJ "死叉"后向下发散，说明股价趋势即将反转向下，因此是一种高位卖出形态。

形态特征

（1）岛形顶形态出现前，股价通常会有一段明显的上涨趋势。

（2）岛形顶形态出现时，先是会留下一个向上的跳空缺口，股价震荡数日后又出现了一个向下的跳空缺口，两个缺口在同一水平高度。

（3）岛形顶形态出现时，KDJ指标中，J线往往出现反复在高位震荡走高后的大斜率回落，形成"死叉"后向下发散形态。

形态解读

图5-15　潞安环能-日线图

图5-15是潞安环能（601699）的日线图。图中，股价在经历了A段的上涨后，在B区域先是出现了向上的跳空高开，然后进行了4天的震荡，其后又出现了跳空低开，形成了明显的向上跳空缺口和向下跳空缺口，且两个缺口处于同

一水平高度，形成一个岛形。KDJ指标在岛形形成期间的M区域，先是上行，而后转为向下，尤其是J线向下的斜率较大，且形成了KDJ"死叉"后三线向下发散，因此可确认为岛形顶的反转形态。

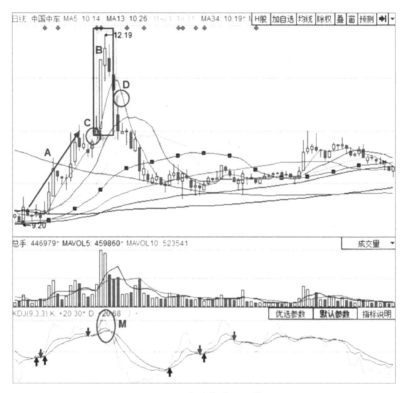

图5-16　中国中车-日线图

　　图5-16是中国中车（601766）的日线图。图中，股价在经历了A段的上涨后，在C区域和D区域分别形成了两个缺口，一个向上，一个向下，其间的B区域出现了高位震荡。同时对应M区域的KDJ指标也出现了J线高位钝化后的"死叉"及三线向下发散的状态。KDJ是一种卖出形态，但因C区域和D区域的两个缺口不在同一水平高度，所以投资者不能将其以岛形顶形态来看点。

买卖点判定

　　岛形顶形态出现时，投资者应在KDJ三线高位震荡后出现KDJ"死叉"、三线向下发散时卖出，如图5-15中M区域的情况。

实战指南

（1）岛形顶形态出现前，股价往往会有一段明显的上涨趋势，如图5-15中A区域的情况。

（2）岛形顶形态出现时，K线上必须满足岛形顶的要求，即两个缺口一个向上，一个向下，且在同一水平高度，如图5-15中B区域的情况，若不在同一水平高度，如图5-16所示，则不能以岛形顶形态来看待。

（3）岛形顶形态出现时，KDJ指标必须出现J线向上震荡后形成向下"死叉"K线和D线，且三线明显向下发散的形态，如图5-15所示。

小贴士

岛形顶形态出现时，如果KDJ指标处于50线附近，顶部特征不够明显时，往往说明只是股价震荡行情的一次冲高，不能将其以岛形顶反转形态看待。

5.2.3 KDJ指标+三只乌鸦形态

KDJ指标+三只乌鸦形态，是股价在上涨趋势里，当向下调整时，出现了3根连续向下的阴线，并且呈一个低点低于前一个低点的状态。在此期间，KDJ指标往往出现J线大角度向下与K线和D线形成高位"死叉"并三线向下发散。因此该形态是一种股价快速转跌的卖出形态。

形态特征

（1）三只乌鸦形态出现前，往往股价会有一段明显的上涨趋势。

（2）三只乌鸦形态出现时，K线上必须出现接连3根依次向下的阴线，且每根阴线的实体必须在前一根阴线实体之下。

（3）三只乌鸦形态出现时，J线通常会在顶部钝化后向下运行，出现与K线和D线的"死叉"，且三线向下发散，或J线大角度向下"死叉"等状态。

形态解读

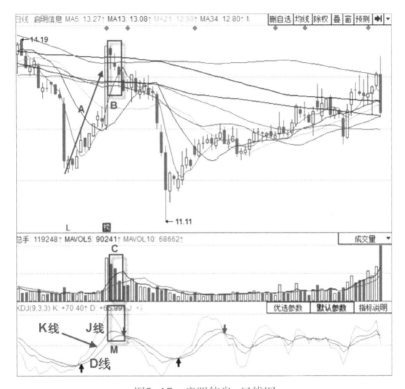

图5-17　启明信息-日线图

　　图5-17是启明信息（002232）的日线图。图中，股价在经历了A段的上涨后，于B区域出现了接连3根依次向下运行的阴线，且每根阴线实体均在前一根阴线实体之下。在对应的M区域中，J线出现高位钝化后转而向下，且向下斜率较大，同时成交量在C区域呈阴量放大状态，因此是股价快速下跌的征兆。

　　图5-18是卫士通（002268）的日线图。图中，股价在经历了A段下跌后，出现了B段反弹，并在C区域出现了3根依次向下排列的阴线，每一根实体在前一根阴线实体之下。在对应的E区域，J线也出现了高位钝化后向下与K线和D线的"死叉"，三线呈向下发散状态。此时的成交量也在D区域相对放大。但由于图5-18中的三只乌鸦形态出现在了股价长期下跌趋势后的小幅反弹期间，因此投资者不能将其以顶部反转形态看待。

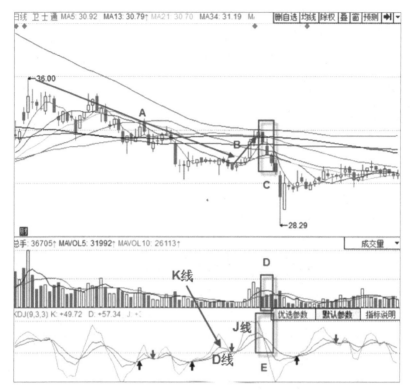

图5-18　卫士通-日线图

买卖点判定

　　三只乌鸦形态出现时，投资者应在形态形成时，J线出现向下叉K线和D线后呈三线向下发散时卖出，如图5-17中M区域的情况。但若股价前期涨幅过大，三只乌鸦形态形成期间，成交量出现了巨量放大的阴量时，投资者可在J线由高位钝化转下行时卖出。

实战指南

　　（1）三只乌鸦形态出现在明显的股价上涨趋势里时，才能被确认为顶部反转形态，如图5-17所示。前期股价涨幅越大，后市反转的可能性也越大。

（2）三只乌鸦形态形成期间，如果成交量出现了巨量放大的阴量，投资者应在第一根阴线形成后，即J线由高位钝化转快速下行时卖出，如图5-17中B区域与M区域初期的情况。

（3）三只乌鸦形态如果出现在股价长期下跌后的小幅反弹过程中，这往往是非理性的下跌，投资者不应将其以顶部反转形态看待，如图5-18所示。

小贴士

三只乌鸦形态如果出现在股价宽幅震荡行情中，则往往是波段高点到来的征兆；如果出现在股价窄幅震荡行情中，则没有任何参考价值。

5.2.4　KDJ指标+倾盆大雨形态

倾盆大雨形态，是由两根K线组成的，是股价在上涨过程中，先是出现一根上涨的阳线，接着又出现了一根低开低走并低收的阴线，阴线实体远在阳线实体之下的形态。此时，KDJ指标会发出明显的顶部反转信号，所以是一种杀伤力较大的顶部反转形态。

形态特征

（1）倾盆大雨形态通常出现在股价长期上涨，或是反弹过程中的高位震荡中。

（2）倾盆大雨形态出现时，必须确保第一根K线为加速上涨的阳线，第二根K线为低开低走并低收的中阴或长阴线，且其实体在阳线实体之下。

（3）倾盆大雨形态出现时，KDJ指标或出现顶部J线大角落的回落，或出现50线附近的金叉不叉等弱势转弱形态。

形态解读

图5-19是易事特（300376）的日线图。图中，股价经历了A段的大幅上涨

后，在B区域，先是出现了一根加速上涨的阳线，接着出现了一根低开低走低收的中阴线，形成倾盆大雨形态。而此时对应M2区域的KDJ呈高位向下的金叉不叉形态，成交量同时巨量放大为阴量，因此是一种顶部快速反转形态。

图5-19　易事特-日线图

图5-20是蓝晓科技（300487）的日线图。图中，股价在经历了A段的大幅上涨后，在出现C段的回调后出现D段的高点反弹。股价在B区域先出现了一根上涨阳线，接着出现了一根低开低走大幅低收的长阴线，远在阳线之下，形成了倾盆大雨形态。同时，KDJ指标在M2区域形成了明显的50线附近的金叉不叉的弱势转弱形态，同时成交量出现了同比格外放大的阴量，因此是一种股价顶部反转的迹象。

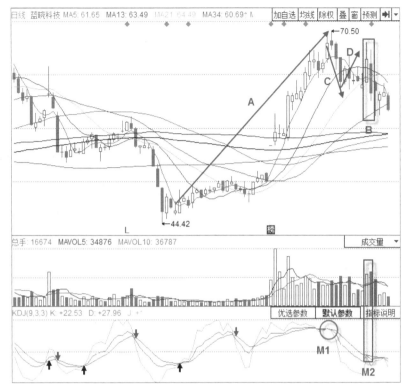

图5-20　蓝晓科技-日线图

买卖点判定

　　倾盆大雨形态出现时，投资者应在该形态出现前高位"死叉"三线向下发散时卖出，如图5-19和图5-20中M1区域的情况；若是前期未出现高位"死叉"三线发散，则投资者应在同位"死叉"后三线向下发散，或是金叉不叉形成时卖出，如图5-19和图5-20中M2区域的情况。

实战指南

　　（1）倾盆大雨形态出现时，通常会伴随着巨大的成交阴量的出现，这往往也成为了判断趋势反转的一个重要依据，如图5-19和图5-20所示。

　　（2）倾盆大雨形态经常会出现在股价上涨过程中的次高点，此时通常已错过了最佳的KDJ指标顶部高位卖出点，所以常常为高位卖出的次高点，如图5-19

和图5-20中M1区域和M2区域的情况。

（3）倾盆大雨形态出现时，通常J线向下角度越大其后快速转势的概率越大，如图5-19所示。

> **小贴士**
>
> 倾盆大雨形态如果出现在股价下跌趋势中的反弹行情，这通常是股价反弹结束再次转跌的征兆，此时KDJ指标往往会显示出高位"死叉"、三线向下发散的形态。

5.2.5 KDJ指标+乌云盖顶形态

乌云盖顶形态，同样是由两根K线组成的，一根是上涨阳线，另一根是冲高后回落的中阴或长阴线。此时KDJ指标往往表现为J线高位钝化后的回落"死叉"。因此该形态的出现可以说是一种比倾盆大雨形态更为凶悍的快速转势的信号，因为它来得往往很突然。

形态特征

（1）乌云盖顶形态通常会出现在股价快速上涨阶段。

（2）乌云盖顶形态出现时，往往前一根为加速上涨阳线，后一根却转为冲高回落的中阴线或大阴线，同时成交量会出现格外放大。

（3）乌云盖顶形态出现时，KDJ指标通常处于明显的J线高位钝化后回落"死叉"的顶部转势状态。

形态解读

图5-21是维格娜丝（603518）的日线图。图中，股价在经历了A段的上涨后，于B区域先是出现了一根长阳线，后又继续大幅高开高走，但随即出现大幅回落，收于一根阴线，且成交量放大。对应C区域也出现了J线的短时上冲后的快速回落，并与K线和D线形成"死叉"，J线下行角度极大，形成了乌云盖顶的反转形态。

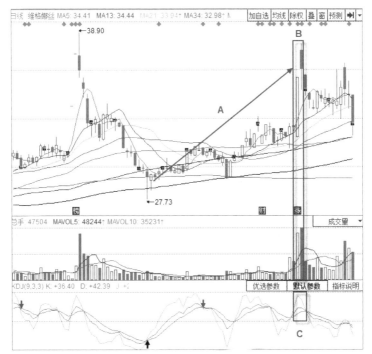

图5-21 维格娜丝-日线图

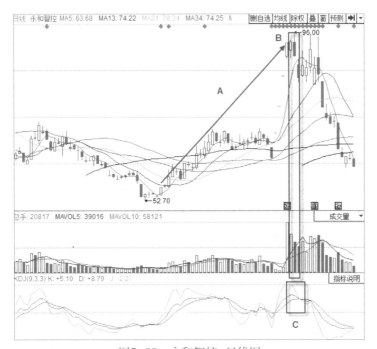

图5-22 永和智控-日线图

图5-22是永和智控（002795）的日线图。图中，股价在经历了A段的上涨后，在B区域先是出现了一根放量长阳线，接着却出现了高走的放量阴线。同时在对应的C区域也出现了J线高位钝化后的快速下跌，形成KDJ"死叉"，因此可将其确认为乌云盖顶的反转形态。

买卖点判定

乌云盖顶形态出现时，投资者应在J线高位大角度回落与K线和D线形成"死叉"时卖出，如图5-21中C区域的情况。但如果J线向下的角度过大几乎成直线，或是成交量过大，形成天量阴量，投资者可在乌云盖顶形态形成第二根阴线时卖出。

实战指南

（1）乌云盖顶形态出现前，股价必须会有着一段明显的快速上涨过程，如图5-21和图5-22中A段的情况。

（2）乌云盖顶形态出现时，阴线应当向上盖过阳线的最高点，如图5-21和图5-22中B区域的情况。

（3）乌云盖顶形态出现时，KDJ指标会发出明显的顶部反转信号，如图5-21和图5-22中C区域的情况。

（4）乌云盖顶形态出现时，如果成交量放出天量的阴量，投资者应在该形态成立的当日，J线大角度回落时卖出。

> **小贴士**
>
> 乌云盖顶形态出现时，如果出现了顶背离现象，投资者则应在乌云盖顶形态出现后，一旦顶背离结束，即刻卖出股票。

5.3 KDJ指标+K线震荡整理形态

5.3.1 KDJ指标+箱体震荡整理形态

KDJ指标+箱体震荡整理形态，是指股价经过上涨或下跌后，维持在一定幅度内的上下震荡，每次向上都无法有效突破高点，每次向下又无法有效跌破前期的某一低点。此时KDJ指标同样会表现为三线横盘式震荡。这种形态的出现，往往预示着后市不明朗，因此投资者应在该形态结束时通过观察KDJ指标的方向性变化来选择是买入或卖出。

形态特征

（1）箱体震荡整理形态出现时，股价表现为上有压力、下有支撑的形态，KDJ指标表现为三线合一式的横盘震荡，或K线与D线围绕50线震荡，J线做上下宽幅震荡。

（2）箱体震荡整理形态结束时，如果未来股价选择向上突破，往往会形成KDJ金叉、三线向上发散等上涨形态。

（3）箱体震荡整理形态结束时，如果未来股价选择向下突破，往往会形成KDJ"死叉"、三线向下发散等形态。

形态解读

1. 箱体震荡整理形态结束时股价选择向上突破

图5-23是世嘉科技（002796）的日线图。图中，股价在触底震荡中，于A区域出现向上无法突破，向下又有支撑的情况，形成了箱体震荡。而KDJ指标在同一时间的B区域出现了K线和D线在50线附近的合二为一，并与J线黏合平行震荡。在这种箱体震荡整理形态结束时的M区域，出现了KDJ金叉、三线向上发散。

图5-23　世嘉科技-日线图

图5-24　环球印务-日线图

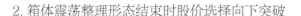

2. 箱体震荡整理形态结束时股价选择向下突破

图5-24是环球印务（002799）的日线图。图中，股价在下跌过程中，于A区域出现了向上反弹有压力，向下又有支撑的情况，于是在箱体内震荡整理。KDJ指标此时也在B区域形成了K线和D线围绕50线的横盘震荡，且J线也与之黏合震荡。但其间却在C区域发生了KDJ"死叉"，而在箱体震荡结束时的M区域，出现了KDJ三线向下的发散形态。

买卖点判定

箱体震荡整理形态出现后，投资者应在股价向上突破时，出现KDJ指标金叉、三线向上发散时买入，如图5-23中M区域的情况；投资者应在股价箱体震荡向下突破时，出现KDJ"死叉"、三线分散向下时卖出，如图5-24中M区域的情况。

实战指南

（1）箱体震荡整理形态出现时，投资者无法用之前的趋势来判断箱体震荡结束时的方向，只有通过箱体震荡结束时KDJ指标的表现来选择。

（2）箱体震荡整理形态出现时，如果未来股价选择向上突破，KDJ指标会发出明显的买入信号，如图5-23中M区域的情况。

（3）箱体震荡整理形态出现时，如果未来股价选择向下突破，KDJ指标会发出明显的卖出信号，如图5-24中M区域的情况。

> 小贴士
>
> 箱体震荡整理形态结束时，如果出现 KDJ 金叉、三线向上发散，但股价很快又跌回箱体，或是出现 KDJ "死叉"、三线向下发散，但股价又很快升回箱体内，这往往预示着此时的股价依然处于震荡行情，只不过箱体震荡的幅度有所加大。此时投资者应根据更高级别的 K 线图来把握股价走势。

5.3.2　KDJ指标+旗形震荡整理形态

旗形震荡整理形态，指股价在运行过程中，出现了停止之前的单边上涨或下跌，开始进行整理，将其高低点分别连线，便形成了一个像迎风飘舞的旗子一样的形状。通常，这种整理结束后，KDJ指标会出现明显的与之前趋势相同的买入或卖出信号，所以是一种中继整理形态。因此，买点与卖点的判断，关键是要看之前的股价运行趋势。

形态特征

（1）旗形震荡整理形态出现时，股价往往是以反复上下盘错的方式进行整理。

（2）旗形震荡整理形态如果出现在股价上涨趋势中，为上升旗形，整理结束后KDJ指标会发出金叉、三线向上发散或"死叉不死"等买入信号。

（3）旗形震荡整理形态如果出现在股价下跌趋势中，为下降旗形，整理结束后KDJ指标会发出"死叉"、三线向下发散或金叉不叉等卖出信号。

形态解读

1. 上升旗形

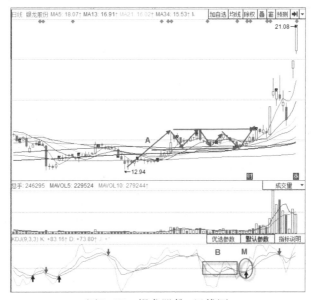

图5-25　银龙股份-日线图

　　图5-25是银龙股份（603969）的日线图。图中，股价在经历了A段的上涨后，出现了反复锯齿式的调整，将其调整的高点、低点分别连线，形成了一个正立的旗子。其间，对应B区域中的K线和D线回落到了50线附近震荡，并在旗形形成的末尾处对应的M区域，出现了KDJ金叉、三线向上发散形态，说明股价整理即将结束，投资者应及时买入。

　　2. 下降旗形

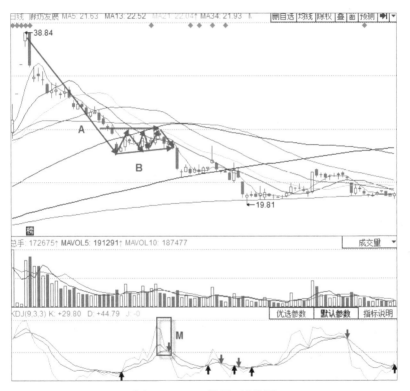

图5-26　*ST坊展-日线图

　　图5-26是*ST坊展（600149）的日线图。图中，股价在经历了A段的下跌后，开始反弹，步入以锯齿方式整理的阶段，将其高点、低点分别连线，在B区域形成了一个像倒立的小旗子的形状。在此期间，对应M区域中的KDJ冲高后出现K线和D线围绕50线的震荡。J线则在旗形形成的末尾处，出现了一波快速上行后转下行的状态，且下行的角度极大，并与K线和D线形成了KDJ"死叉"、三

线向下发散。这说明旗形整理已经结束，其后股价将继续回归下跌趋势，投资者应及时卖出股票。

买卖点判定

　　旗形震荡整理形态出现时，如果是上升旗形，投资者应在旗形整理末尾处，KDJ发出金叉、三线向上发散时买入，如图5-25中M区域的情况；如果是下降旗形，投资者应在旗形整理末尾处，出现KDJ"死叉"、三线向下发散时卖出，如图5-26中M区域的情况。

实战指南

　　（1）旗形震荡整理形态出现时，应分清该形态出现前股价的趋势，以辨别该形态是上升旗形还是下降旗形，如图5-25和图5-26中A段的情况。

　　（2）旗形震荡整理形态出现时，投资者并不一定非要等K线上旗形形态完全形成后再决定买入或卖出，而应根据KDJ指标期间的形态变化来决定，如图5-25和图5-26中M区域的情况。

　　（3）旗形震荡整理形态出现时，往往KDJ指标中的K线和D线会出现短暂的平行震荡，方向或略向下，或略向上，如图5-25和图5-26所示。

> **小贴士**
>
> 　　旗形震荡整理形态出现时，出现旗形整理变盘的情况极少，即使出现变盘，即上升旗形后股价趋势变为下行，或下降旗形结束后股价趋势变为向上的情况出现时，KDJ 指标均会发出相应的买入或卖出信号，因此，KDJ 指标成为投资者具体操作的信号。

5.3.3　KDJ指标+串阴串阳形态

　　串阴串阳形态事实上是两种不同的形态，即串阴与串阳。串阴，是指当股价经过底部上涨后，突然出现了至少接连5天的小阴线，重心呈逐渐下降的趋势，成交量呈缩小状态下的逐渐缩量；串阳，则指当股价告别低位区的弱势低位震荡时，出现至少接连5天的小阳线，重心呈逐渐上移的趋势，成交量呈小阳量状态。而无论是串阴还是串阳，KDJ指标均表现为K线和D线的黏合平行震荡，J线会在串阴或串阳形态结束时，发生与D线和K线的金叉、三线向上发散或"死叉不死"等形态。因此该形态是一种股价弱势整理后的买入形态。

形态特征

（1）串阴串阳形态出现时，当出现的是串阳时，K线上必须出现至少接连5天的小阳线，呈逐渐向上的趋势成交量呈小阳量；当出现的是串阴时，K线上必须出现至少接连5天的小阴线，呈逐渐向下的趋势，成交量呈缩减状态。

（2）串阴串阳形态均出现在股价脱离底部区域后的小幅上涨过程中，只不过串阴形态有可能是出现在股价告别底部后的一定上涨趋势里。

（3）串阴串阳形态出现时，KDJ指标中的K线和D线往往呈黏合并行的震荡形态，J线出现幅度略大的上下震荡。

形态解读

1. 串阳整理形态

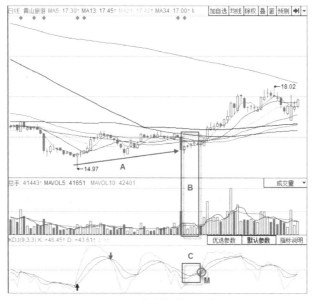

图5-27　黄山旅游-日线图

图5-27是黄山旅游（600054）的日线图。图中，股价在经历了A段告别底部后的震荡后，在B区域出现了连续5根小阳线的缓慢上升，成交量也呈缩小状态的阳量，形成了串阳整理形态。而此期间对应C区域的KDJ指标，也出现了K线与D线的接近50线的平行震荡。该形态结束后，出现了M区域中的"死叉"不叉的买入形态，说明串阳洗盘结束，投资者应及时买入股票。

2. 串阴整理形态

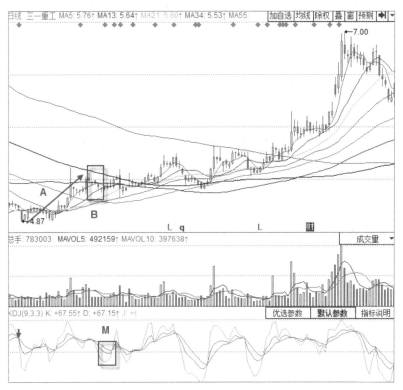

图5-28　三一重工-日线图

图5-28是三一重工（600031）的日线图。图中，股价告别了底部在A段刚刚出现了一定的上涨后，即在B区域接连出现了5根小阴线，且呈逐渐下行的趋势，成交量为缩小状态下的缩量。在相对应的M区域中，出现了K线和D线黏合平行震荡，以及J线上下略大幅度的震荡，并出现KDJ金叉、三线向上发散，这说明股价调整即将结束，投资者应及时买入股票。

买卖点判定

串阴串阳形态出现后，投资者应在KDJ指标发出金叉、三线向上发散或"死叉"不叉形态时买入股票，如图5-27和图5-28中M区域的情况。

实战指南

（1）串阴串阳形态出现时，如果是串阳形态出现，往往成交量呈小阳量状态，如图5-27中B区域的情况；如果是串阴形态出现，成交量为低水平下的逐渐缩减的阴量，如图5-28中B区域对应的成交量区域的情况。

（2）串阴串阳形态出现时，如果是串阴形态出现，往往K线的重心是逐渐下移的，但下移的程度通常不会太大，如图5-28所示。

（3）串阴串阳形态出现时，如果是串阳形态出现，K线的重心是逐步略上移的。但上移的程度往往不会太大，如图5-27中B区域的情况。

> **小贴士**
>
> 串阴串阳形态出现时，如果K线上影线过长，或是成交量处于近期较高水平时，投资者不应以串阴串阳形态来看待，应根据KDJ指标其他的买入或卖出形态来观察行情。

第6章

KDJ+MACD：结合
MACD形态，捕捉交易时机

俗话说，人无完人，每个人都有一定的缺点。KDJ指标也一样，也存在着自身的缺陷，因此，投资者在使用时，结合MACD指标的情况，往往就会做到取其长避已短，准确把握买点和卖点。所以，在了解KDJ指标的同时，学习如何使用MACD指标，往往是十分必要的。

6.1 KDJ指标+MACD经典买入形态

6.1.1　DIFF低位钝化+KDJ低位震荡形态

DIFF低位钝化+KDJ低位震荡形态，是一种KDJ指标与MACD指标的底部迹象，是指当MACD指标出现DIFF线向下沿区间下沿平行运行的时候，KDJ指标中的K线和D线出现了低位平行震荡，J线震荡略大，或形成底部金叉、三线发散等形态。由于KDJ指标走势往往领先其他指标，因此这是一种MACD确认底部，但KDJ却提示低位买入的抄底形态。

形态特征

（1）DIFF低位钝化+KDJ低位震荡形态出现时，必须是MACD指标经过下跌后，DIFF线出现运行到了区间底部，沿下沿平行运行的钝化形态。

（2）DIFF低位钝化+KDJ低位震荡形态出现时，DIFF线低位钝化期间，往往K线和D线呈平行震荡的形态。

（3）DIFF低位钝化+KDJ低位震荡形态出现时，KDJ指标之前会有明显的触底形态，往往在DIFF线低位钝化的末端，KDJ指标会出现低位金叉、三线向上发散的买入信号。

形态解读

图6-1　保变电气-日线图-MACD指标

图6-1是保变电气（600550）的日线图。图中，MACD指标显示，DIFF线在A区域已运行到了底部，并沿区间下沿平行运行，形成了DIFF线的低位钝化现象。

此时再观察对应图6-2中KDJ指标的情况会发现，在DIFF线低位钝化出现之前，KDJ指标中的J线已在A区域出现过触底震荡形态。而发生DIFF线低位钝化期间，K线和D线已在B区域走平震荡，并在M区域发生了KDJ低位金叉、三线向上发散现象。

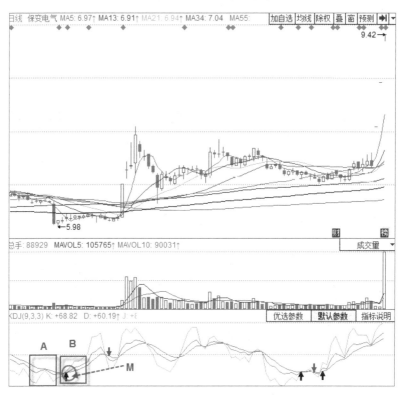

图6-2　保变电气-日线图-KDJ指标

综合保变电气MACD指标和KDJ指标的变化，可以确定，已经形成了DIFF线低位钝化的触底，以及KDJ指标发出了低位震荡的反转信号，因此投资者可放心买入。

DIFF低位钝化+KDJ低位震荡形态出现时，投资者应在DIFF线低位钝化期间，KDJ指标发出低位金叉、三线向上发散时买入，如图6-2中M区域的情况。

（1）DIFF低位钝化+KDJ低位震荡形态出现时，在DIFF线低位钝化现象发生时，如图6-1中A区域的情况，KDJ指标已提前有过J线的探底，如图6-2中A区域的情况。

（2）DIFF低位钝化+KDJ低位震荡形态，是一种MACD指标触底，KDJ指标提示买点的形态，因MACD指标表现往往要落后于KDJ指标，如图6-1和图6-2所示。

（3）DIFF低位钝化+KDJ低位震荡形态出现时，在DIFF线低位钝化期间，往往KDJ指标会提前出现金叉、三线发散形态，如图6-2中M区域的情况。

小贴士

DIFF 低位钝化 +KDJ 低位震荡形态出现时，如果 KDJ 指标也出现了 J 线的低位钝化，投资者应在 KDJ 指标出现底部反转的明显信号时再买入。

6.1.2　MACD0轴附近震荡+KDJ低位金叉形态

MACD0轴附近震荡+KDJ低位金叉形态，是指当MACD指标中的DIFF线和DEA线在围绕0轴展开震荡的时候，发生了KDJ在50线以下的低位金叉的形态。这种形态的出现，说明股价低位弱势震荡即将结束，因此是一种买入形态。

（1）MACD0轴附近震荡+KDJ低位金叉形态出现时，MACD指标中的DIFF线和DEA线大多呈双线黏合震荡的形态，且双线相距较近。

（2）MACD0轴附近震荡+KDJ低位金叉形态出现时，KDJ指标往往会在低位经过K线和D线的平行震荡后，发生J线向上与K线和D线的金叉，三线呈向上发散形态。

形态解读

图6-3　创业环保-日线图-MACD指标

图6-3是创业环保（600874）的日线图。图中，MACD指标在A区域一直处于双线接近并围绕0轴展开震荡的状态。

此时再观察图6-4中创业环保KDJ指标的情况会发现，KDJ三线在A区域中同样出现了围绕50线中轴展开震荡的格局，并且在其后出现了向下探底，其间出现了反复低位的金叉和"死叉"，这属于低位震荡的表现。但到了M区域时，突然发生J线向上与K线和D线的低位金叉。

综合MACD指标和KDJ指标的变化，可以确定，股价趋势已由弱转强，投资者此时应及时跟进。

图6-4　创业环保-日线图-KDJ指标

买卖点判定

MACD0 轴附近震荡+KDJ低位金叉形态出现时，投资者应在MACD围绕0轴震荡期间，KDJ出现金叉时买入，如图6-4中M区域的情况。

实战指南

（1）MACD0 轴附近震荡+KDJ低位金叉形态出现时，MACD围绕0轴的震荡，往往是一种整理形态，但由于MACD反应较慢，根据同级别图上该指标很难准确把握股价变化情况，如图6-3所示。

（2）MACD0 轴附近震荡+KDJ低位金叉形态出现时，KDJ低位金叉，是对MACD指标弱势震荡结束后反转的提示，因此投资者应根据MACD围绕0轴震荡期间KDJ指标的提示适时买入，如图6-4中M区域的情况。

（3）MACD0 轴附近震荡+KDJ低位金叉形态出现时，即使MACD期间出现金叉或"死叉"，只要不出现明显的双线向上发散或向下发散，即可确认股价仍处于震荡趋势，如图6-3中A区域的情况。

小贴士

　　MACD0 轴附近震荡 +KDJ 低位金叉形态出现时，如果其间出现 MACD 向下"死叉"时 DIFF 线向下拐头的角度较大，或呈明显双线向下发散形态，这往往是一种震荡破位的表现。此时 KDJ 指标往往早已出现向下破位的提示，投资者应根据 KDJ 指标的形态提早做出判断。

6.1.3　MACD二次翻红+KDJ低位金叉形态

　　MACD二次翻红+KDJ低位金叉形态，是指在MACD指标中的MACD红柱持续出现的情况下，逐渐缩小，但并未消失变为绿柱，即再次变为逐渐变长的MACD红柱，形成了MACD二次翻红形态，且KDJ指标提前出现低位金叉。这种形态的出现，是一种股价调整结束时的信号，同时，这种形态也是可靠的买入形态。

形态特征

　　（1）MACD二次翻红+KDJ低位金叉形态出现时，MACD红柱必须出现红柱在持续缩小的情况下，未变为绿柱，又再次出现持续变长的红柱，即形态为MACD二次翻红形态。

　　（2）MACD二次翻红+KDJ低位金叉形态出现时，往往KDJ指标会出现K线和D线围绕50线附近展开震荡的形态。

　　（3）MACD二次翻红+KDJ低位金叉形态出现时，KDJ指标中的J线往往往会出现一次向下的震荡，从而运行到K线和D线之下，继而形成金叉。

形态解读

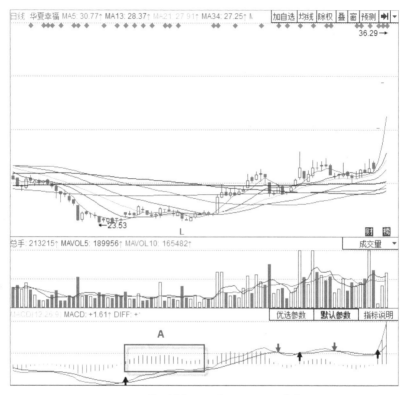

图6-5 华夏幸福-日线图-MACD指标

图6-5是华夏幸福（600340）日线图。图中，MACD指标在A区域一直出现了红柱，红柱逐渐缩小，但缩至即将消失时却未消失，而是继续出现了持续增长的红柱，形成了MACD二次翻红形态。

此时再观察图6-6中KDJ指标的情况会发现，在MACD二次翻红形态形成期间，KDJ在A区域出现了K线和D线围绕50线的震荡，J线出现了一次快速向下震荡，而后在图6-6中M区域形成金叉。

综合MACD指标和KDJ指标的变化可以得出结论，华夏幸福的股价已经完成了震荡整理阶段，将恢复继续上涨。

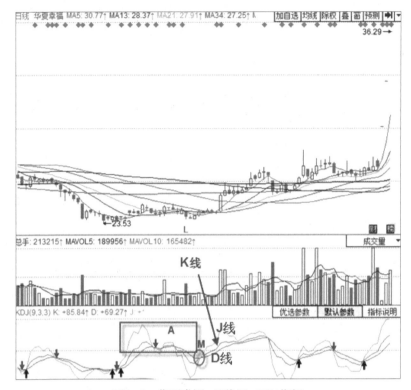

图6-6　华夏幸福-日线图-KDJ指标

买卖点判定

　　MACD二次翻红+KDJ低位金叉形态出现时，投资者应在MACD二次翻红形态形成后，出现KDJ金叉时买入，如图6-6中M区域的情况。

实战指南

　　（1）MACD二次翻红+KDJ低位金叉形态出现时，必须确保MACD红柱二次翻红形态成立，如图6-5中A区域的情况。

　　（2）MACD二次翻红+KDJ低位金叉形态出现时，KDJ金叉在MACD二次翻红形态形成后出现时，投资者应买入，如图6-6中M区域的情况，切不可过早买入。

小贴士

　　MACD二次翻红形态出现后，虽然说明震荡趋势正在逐步转强但仍然需要KDJ低位金叉来帮助确认，因为如果其后MACD红柱再次变短，往往说明股价的震荡趋势会持续。

6.1.4 MACD双线上行+KDJ三线向上发散形态

　　MACD双线上行+KDJ三线向上发散形态，是指当MACD中的DIFF线和DEA线在逐步向上运行的过程中，KDJ指标中的三线呈现出了向上发散的形态。这种形态的出现，往往是KDJ指标发出的股价即将明显加速上行的信号，因此这是一种买入形态。

形态特征

　　（1）MACD双线上行+KDJ三线向上发散形态出现时，MACD指标中的DIFF线和DEA线必须呈向上运行状态。

　　（2）MACD双线上行+KDJ三线向上发散形态出现时，KDJ指标中的K线和D线可以平行略向上运行，但J线必须明显向上运行，且三条线呈向上发散的状态。

　　（3）MACD双线上行+KDJ三线向上发散形态出现时，MACD双线可以在0轴以下向上运行，也可以在0轴以上向上运行；KDJ指标中的三线同样可以在50线以上向上发散，也可以在50线以下向上发散。

形态解读

　　图6-7是嘉澳环保（603822）的日线图。图中，MACD指标中的DIFF线与DEA线在A区域呈双线缓慢上行的状态，即MACD双线上行。

图6-7 嘉澳环保-日线图-MACD指标

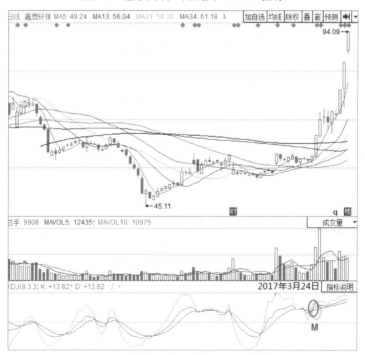

图6-8 嘉澳环保-日线图-KDJ指标

此时再观察图6-8中KDJ指标的情况会发现，图中与图6-7中的A段区域相对应的区域，KDJ指标的K线和D线一直也呈震荡上行状态，J线反复上下震荡，但于2017年3月24日，即M区域，出现了明显的三线向上发散形态。

综合MACD指标及KDJ指标的变化可以确定，此时形成了明显的股价即将加速上行的形态，因此投资者可买入股票。

买卖点判定

MACD双线上行+KDJ三线向上发散形态出现时，投资者应在MACD双线上行，KDJ三线出现向上发散状态时买入，如图6-8中M区域的情况。

实战指南

（1）MACD双线上行+KDJ三线向上发散形态出现时，MACD双线上行是一种对趋势的把握，而KDJ的三线向上发散是一种股价加速上行的信号，如图6-7和图6-8所示，所以该形态是一种准确率极高的买入形态。

（2）MACD双线上行+KDJ三线向上发散形态出现时，必须确保MACD出现上行，缓慢上行亦可，如图6-7所示。

（3）MACD双线上行+KDJ三线向上发散形态出现时，MACD双线上行，必须出现KDJ三线向上发散，才是股价结束震荡，即将上行的信号，如图6-8所示。

小贴士

MACD 双线上行 +KDJ 三线向上发散形态出现时，如果出现底背离现象，无论底背离是出现在 KDJ 指标中，还是出现在 MACD 指标中，投资者均应在底背离结束后再进行观察。

6.2 KDJ指标+MACD经典卖出形态

6.2.1 DIFF高位钝化+KDJ高位"死叉"形态

DIFF高位钝化+KDJ高位"死叉"形态，是指DIFF线在向上运行的过程中，出现了沿区间上沿平行的钝化现象，而KDJ指标中J线却出现与K线和D线的向下交叉的"死叉"。这是一种KDJ指标先行反转的表现，所以是一种高位卖出形态。

形态特征

（1）DIFF高位钝化+KDJ高位"死叉"形态出现时，MACD指标中的DIFF线必须已经到达高位极限区，出现沿上沿平行的钝化现象。

（2）DIFF高位钝化+KDJ高位"死叉"形态出现时，KDJ指标中的K线和D线往往处于高位平行震荡，J线开始向下，并向下与K线和D线形成高位"死叉"。

形态解读

图6-9是超讯通信（603322）日线图。图中，MACD指标在经历了前期的双线上行后，于A区域出现了DIFF线沿区间顶部上沿平行的高位钝化现象。

此时再观察图6-10中的KDJ指标会发现，K线与D线在MACD高位钝化期间对应的M区域中，平行震荡，而J线却出现由高处向下回落，并与K线和D线形成了KDJ高位"死叉"。

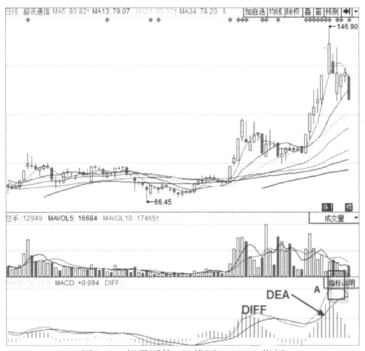

图6-9　超讯通信-日线图-MACD指标

图6-10　超讯通信-日线图-KDJ指标

综合MACD指标和KDJ指标的变化情况可以断定，股价即将反转向下，因此投资者应及时卖出股票。

买卖点判定

DIFF高位钝化+KDJ高位"死叉"形态出现时，投资者应在DIFF高位钝化期间，J线出现向下与K线和D线形成高位"死叉"时卖出，如图6-10中M区域的形态。

实战指南

（1）DIFF高位钝化+KDJ高位"死叉"形态出现时，DIFF因出现钝化，所以MACD双线反应相对迟钝，如图6-9所示。

（2）DIFF高位钝化+KDJ高位"死叉"形态出现前，必然会有一段股价明显的上涨趋势，且MACD双线已到达顶部区域，如图6-9所示。

（3）DIFF高位钝化+KDJ高位"死叉"形态出现时，KDJ指标往往已率先出现了顶部回落的迹象，所以是投资者选择卖出的好时机，如图6-10中M区域的情况。但MACD指标因迟钝，所以其确认顶部，又较KDJ相对准确。

> **小贴士**
>
> DIFF高位钝化+KDJ高位"死叉"形态出现时，如果出现顶背离现象，无论顶背离是出现在MACD指标中还是出现在KDJ指标中，投资者均应在顶背离现象结束后，KDJ发出顶部反转信号时再卖出。

6.2.2 MACD高位"死叉"+KDJ三线向下发散形态

MACD高位"死叉"+KDJ三线向下发散形态，是指当股价上涨时，MACD双线向上运行到了高位区，出现了DIFF线向下"死叉"DEA线的时候，KDJ指标中的三条线出现了向下发散的形态。这种形态的出现，往往预示着股价上涨趋势已经转为下跌趋势，因此该形态的出现是一种强烈的卖出信号。

形态特征

（1）MACD高位"死叉"+KDJ三线向下发散形态出现时，必须是在MACD双线向上运行到顶部区域后，出现了DIFF线由上向下与DEA线相交的"死叉"时予以确认。

（2）MACD高位"死叉"+KDJ三线向下发散形态出现时，当MACD指标出现高位"死叉"时，KDJ指标中的三线呈向下发散的形态。

（3）MACD高位"死叉"+KDJ三线向下发散形态通常出现在MACD0轴以上，以及KDJ指标三线处于50线以上的区域。

形态解读

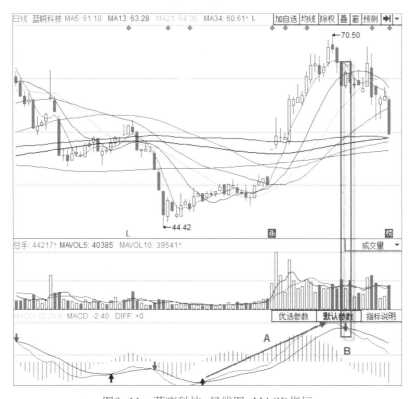

图6-11　蓝晓科技–日线图–MACD指标

图6-11是蓝晓科技（300487）日线图。图中，MACD指标在经历了A段

的双线上行后，运行到了顶部区域，并在B区域出现了DIFF线向下与DEA线的"死叉"。

此时再观察图6-12中对应KDJ指标的情况会发现，KDJ三条线也出现了高位震荡后的向下走势，且三线呈明显的向下发散形态。

图6-12　蓝晓科技-日线图-KDJ指标

综合蓝晓科技MACD指标和KDJ指标的变化情况，可以判断出，股价已明显处于上涨趋势反转向下的走势，因此投资者应果断卖出股票。

买卖点判定

MACD高位"死叉"＋KDJ三线向下发散形态出现时，投资者应在MACD高位"死叉"出现时，且KDJ呈三线向下发散的形态时卖出，如图6-12中M区域的情况。

实战指南

（1）MACD高位"死叉"+KDJ三线向下发散形态出现前，通常MACD双线会出现一段明显的向上运行趋势，如图6-11中A段走势的情况。

（2）MACD高位"死叉"+KDJ三线向下发散形态出现前，如果DIFF线发生了高位钝化，即使出现高位"死叉"也并不一定说明会发生转势，所以投资者需要借助KDJ指标来最终判断，如图6-11和图6-12所示。

（3）MACD高位"死叉"+KDJ三线向下发散形态出现时，KDJ三线并不一定会形成"死叉"，但股价高位震荡后必然会出现KDJ三线向下发散的形态，如图6-12中M区域的情况。

> 小贴士
>
> MACD 高位"死叉"+KDJ 三线向下发散形态出现时，如果是股价震荡行情，往往是震荡高点到来的信号，此时 MACD 指标往往不会到达顶部极限区，即 DIFF 线不出现高位钝化，但只要 KDJ 指标出现三线向下发散、金叉不叉现象时，该形态同样是一种转弱的卖出形态。

6.2.3 MACD二次翻绿+KDJ"死叉"形态

MACD二次翻绿+KDJ"死叉"形态，是指当股价在运行过程中，当出现MACD绿柱后，绿柱在逐渐缩小即将消失变为红柱，但最终并未消失，而是出现了持续增长的MACD绿柱，形成MACD二次翻绿形态时，KDJ指标出现了"死叉"的现象。这种形态的出现，同样是KDJ指标率先表现出转跌的信号，所以也是一种卖出形态。

形态特征

（1）MACD二次翻绿+KDJ"死叉"形态出现时，MACD绿柱在逐渐变短的情况下，并未变为红柱，而是继续出现不断变长的绿柱，形成了MACD二次翻绿形态。

（2）MACD二次翻绿+KDJ"死叉"形态出现时，当出现MACD二次翻绿形态时，必然出现KDJ指标的J线向下与K线和D线的"死叉"。

（3）MACD二次翻绿+KDJ"死叉"形态出现时，股价趋势必然是震荡行情，但可以是高位震荡行情，也可以是低位震荡行情。

形态解读

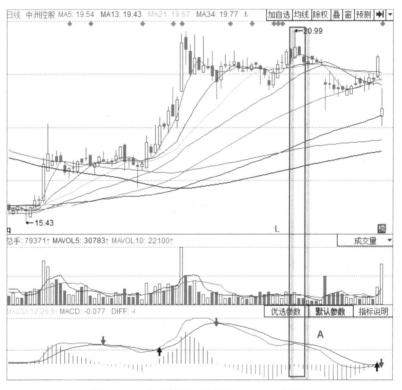

图6-13　中洲控股-日线图-MACD指标

图6-13是中洲控股（000042）的日线图。图中，在股价大幅上涨后高位震荡中的A区域，MACD绿柱开始出现持续缩小，眼看着绿柱即将消失，但没有出现红柱，反而再次出现了持续放大的MACD绿柱，形成了MACD二次翻绿形态。

此时再观察图6-14中KDJ指标的情况发现，在MACD指标出现二次翻绿形

态时，在图中对应的M区域中出现了J线由上向下与K线和D线的交叉，形成了
KDJ"死叉"。

图6-14　中洲控股-日线图-KDJ指标

综合中洲控股MACD指标和KDJ指标的变化情况，可以判断出，股价即将结
束高位震荡，反转为下跌趋势，因此投资者应及时卖出股票。

买卖点判定

MACD二次翻绿+KDJ"死叉"形态出现时，投资者应在MACD二次
翻绿形态中，KDJ出现"死叉"时卖出股票，如图6-14中M区域的情况。

实战指南

（1）MACD二次翻绿+KDJ"死叉"形态通常出现在一段股价震荡趋势里，如图6-13中A区域之前的股价走势。

（2）MACD二次翻绿+KDJ"死叉"形态如果出现在股价大幅上涨后的高位震荡中，如图6-13所示，则往往是大趋势即将反转向下的信号。

（3）MACD二次翻绿+KDJ"死叉"形态出现时，KDJ"死叉"是对股价震荡趋势的一种终结信号，因此在交易时，投资者应以KDJ"死叉"出现时为准进行交易，如图6-14中M区域的情况。

> **小贴士**
>
> MACD 二次翻绿 +KDJ "死叉"形态出现时，如果出现顶背离现象，也往往是会在同级别图上这种形态之前发生的。但是该形态如果出现在低位震荡时，KDJ 往往会表现为金叉不叉形态，同样是一种弱势转弱的卖出形态。

6.2.4　MACD 0轴附近震荡+KDJ"死叉"形态

MACD 0轴附近震荡+KDJ"死叉"形态，是指当MACD指标中的DIFF线与DEA线在0轴附近震荡时，KDJ指标出现了J线向下与K线和D线的"死叉"。这种形态的出现，往往说明股价震荡的趋势转为了弱势，其后股价会继续下跌到新的低位平台震荡整理，因此是一种弱势转弱的卖出形态。

形态特征

（1）MACD 0轴附近震荡+KDJ"死叉"形态出现时，MACD指标中的DIFF线和DEA线必须在0轴附近展开上下震荡，双线处于黏合或相距较近的形态。

（2）MACD 0轴附近震荡+KDJ"死叉"形态出现时，KDJ指标会出现J线由上向下与K线和D线的"死叉"。

（3）MACD 0轴附近震荡+KDJ"死叉"形态出现时，MACD双线可以出现在0轴以上附近，或是0轴以下附近，或是围绕0轴展开震荡。

形态解读

图6-15　天铁股份-日线图-MACD指标

图6-15是天铁股份（300587）日线图。图中，在股价经历了前期的大幅上涨后，在A区域，MACD指标中的DIFF线与DEA线出现了由高位向下回到了0轴以上附近的双线黏合震荡的情况。

此时，再观察图6-16中对应KDJ指标的变化会发现，K线和D线同样在50线以上震荡后，于M区域出现了J线向下与K线和D线的"死叉"，其后呈向下发散形态。

综合天铁股份MACD指标和KDJ指标的变化情况，可以判断出，股价震荡行情已经出现了转弱，因此投资者应及时卖出股票。

图6-16　天铁股份-日线图-KDJ指标

买卖点判定

MACD 0轴附近震荡+KDJ"死叉"形态出现时，投资者应在MACD双线在0轴附近震荡期间，KDJ指标出现"死叉"时卖出，如图6-16中M区域的情况。

实战指南

（1）MACD 0轴附近震荡+KDJ"死叉"形态出现时，如果MACD双线位于0轴之上震荡，则说明趋势偏强，如图6-15中A区域的情况。

（2）MACD 0轴附近震荡+KDJ"死叉"形态出现时，是KDJ指标率先出现向下发散的一种信号，因此是卖出形态，如图6-16中M区域的情况。

（3）MACD 0轴附近震荡+KDJ"死叉"形态的出现，是一种趋势转弱的信号，一经出现，投资者即应果断在KDJ"死叉"出现时卖出，如图6-16中M区域的情况。

小贴士

MACD0轴附近震荡+KDJ"死叉"形态出现时，如果MACD双线震荡出现在了0轴以下，这往往是一种弱势震荡，是弱势转弱的信号，该形态同样为卖出形态。

6.3 KDJ指标+MACD经典震荡整理形态

6.3.1 MACD双线首次回调+KDJ低位金叉形态

MACD双线首次回调+KDJ低位金叉，是指当MACD指标双线自底部区域上行的过程中，在出现了首次双线向下回调的过程中，一旦KDJ指标出现低位金叉，往往会成为调整结束转为上涨的信号。

形态特征

（1）MACD双线首次回调+KDJ低位金叉形态出现时，往往是MACD指标处于股价上涨趋势中出现的第一次的回调。

（2）MACD双线首次回调+KDJ低位金叉形态出现时，KDJ指标会运行到50线以下，或向上接近50线的位置，并出现J线向上与K线和D线的低位金叉。

形态解读

图6-17是巨人网络（002558）的日线图。图中，MACD指标在A段由底部低位一路上行，随即在B段出现了双线回调，步入震荡整理阶段。

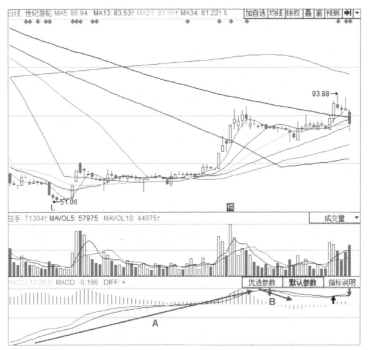

图6-17　巨人网络-日线图-MACD指标

图6-18　巨人网络-日线图-KDJ指标

此时再观察图6-18中对应的KDJ指标的情况发现，在MACD双线上行趋势中的首次回调期间，对应M区域中出现了J线由下向上与K线和D线的金叉，并且此时KDJ指标位于低位区。

综合巨人网络MACD指标和KDJ指标的变化情况，可以判断出，KDJ金叉的出现，终结了股价的震荡整理，即股价将恢复上涨。因此投资者应及时买入。

买卖点判定

MACD双线首次回调+KDJ低位金叉形态出现时，投资者应在MACD双线在上行过程中出现首次回调，KDJ出现低位金叉时买入，如图6-18中M区域的情况。

实战指南

（1）MACD双线首次回调+KDJ低位金叉形态出现时，以MACD指标为判断趋势的标的，把握方向，运用KDJ指标寻找股价震荡结束点，如图6-17和图6-18所示。

（2）MACD双线首次回调+KDJ低位金叉形态出现时，往往是股价告别底部后出现的首次回调，所以成功率相对较大，也相对安全，但若是MACD双线如图6-17中的A段一样，上行时间较长、速度较缓时，往往其后仍然会出现反复。

（3）MACD双线首次回调+KDJ低位金叉形态出现时，投资者应根据KDJ指标的低位金叉来选择操作，而不应根据MACD指标的情况做出决定，这是因为对投资者而言，KDJ指标在短期波动上的可参考性要更胜于MACD指标的可参考性。

> **小贴士**
>
> MACD 双线首次回调 +KDJ 低位金叉形态出现时，如果前期 MACD 双线上行较缓慢，或是幅度较大，后市通常仍然会出现较大幅度的震荡。所以投资者在 KDJ 金叉买入后，一旦发现股价有回落迹象，应先行卖出，待股价企稳后再考虑介入。

6.3.2　MACD双线回跌0轴+KDJ低位"死叉"形态

MACD双线回跌0轴+KDJ低位"死叉"形态，是指当MACD从底部上行并突破0轴后的上行过程中，一旦出现向下回落到0轴附近，往往会围绕0轴展开震荡整理。此时一旦出现KDJ在0轴附近或以下的"死叉"，说明还有进一步深跌调整的可能，所以该形态是一种弱势转弱的卖出形态。

形态特征

（1）MACD双线回跌0轴+KDJ低位"死叉"形态出现前，通常MACD双线会有向上突破0轴后的上行形态出现。

（2）MACD双线回跌0轴+KDJ低位"死叉"形态出现时，当MACD双线围绕0轴展开震荡时，必须出现J线由上向下与K线和D线的"死叉"。

（3）MACD双线回跌0轴+KDJ低位"死叉"形态出现时，KDJ"死叉"，通常出现在50线以下或接近50线的位置。

形态解读

图6-19是三丰智能（300276）日线图。图中，MACD指标在经历了A段的双线上行后，双线向上突破了0轴并出现持续上行，但随即转入了回跌到0轴附近的B区域的震荡整理，虽然期间双线略有上行，但距离0轴依然很近，所以仍然属于围绕0轴的震荡整理。

此时再观察图6-20中对应的KDJ指标的情况会发现，在M区域出现了J线由上向下与K线和D线的"死叉"，且这种"死叉"出现在了50线以下，为弱势"死叉"。

综合三丰智能MACD指标和KDJ指标的变化情况，可以判断出，股价震荡行情已经转弱，其后股价仍然会进入更低水准的震荡整理，因此投资者应暂时卖出股票。

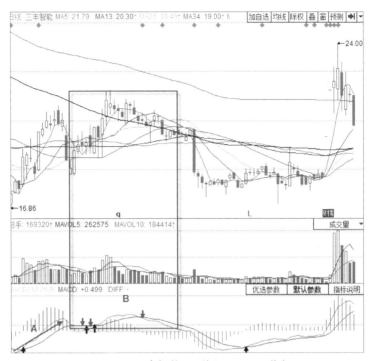

图6-19 三丰智能-日线图-MACD指标

图6-20 三丰智能-日线图-KDJ指标

买卖点判定

MACD双线回跌0轴+KDJ低位"死叉"形态出现时，投资者应在MACD双线围绕0轴震荡期间，出现KDJ"死叉"时卖出，如图6-20中M区域的情况。

实战指南

（1）MACD双线回跌0轴+KDJ低位"死叉"形态出现时，往往MACD双线是由低位区上行到突破0轴后出现的回落到0轴附近的震荡，如图6-19中B区域的情况。

（2）MACD双线回跌0轴+KDJ低位"死叉"形态出现时，投资者不要等到MACD双线结束0轴附近的震荡时再做决断，而应在出现KDJ"死叉"时果断卖出，如图6-20中M区域的情况。

（3）MACD双线回跌0轴+KDJ低位"死叉"形态出现时，KDJ"死叉"通常出现在50线附近，如图6-20所示。

小贴士

MACD双线回跌0轴+KDJ低位"死叉"形态出现时，如果前期MACD双线上行到了0轴以上的高位区，并且回落0轴附近时是位于0轴以上甚至是偏高区域的，一旦出现KDJ"死叉"，往往其后的跌幅会较大，将步入深幅调整中。

6.3.3 MACD双线低位震荡黏合+J线低点不断抬高形态

MACD双线低位震荡黏合+J线低点不断抬高形态，是指当MACD指标中的DIFF线与DEA线出现双线黏合震荡时，KDJ指标中的J线向下掀起的波浪谷底却呈现出不断向上抬高的情况。这说明，这种震荡整理是在逐渐走强的，因此投资者应在KDJ指标发出明显的加速上行信号时买入。

形态特征

（1）MACD双线低位震荡黏合+J线低点不断抬高形态出现时，

MACD指标中的DIFF线和DEA线会出现双线相距较近，甚至是黏合到一起震荡的形态。

（2）MACD双线低位震荡黏合+J线低点不断抬高形态出现时，KDJ指标中的K线与D线往往同样相距较近，呈平行震荡或略向上震荡状态。

（3）MACD双线低位震荡黏合+J线低点不断抬高形态出现时，KDJ指标中的J线会出现反复的下行，但后一次下行的低点要高于前一次下行的低点。

形态解读

图6-21　银龙股份-日线图-MACD指标

图6-21是银龙股份（603969）日线图。图中，MACD指标在A区域中，DIFF线和DEA线双线相距很近，呈黏合状态展开震荡。

此时观察图6-22中对应的KDJ指标会发现，K线和D线在B区域已转为相距较近的平行震荡，J线出现了较大幅度的上下震荡，且其形成的向下低点出现了明显的后一个要远高于前一个的情况。

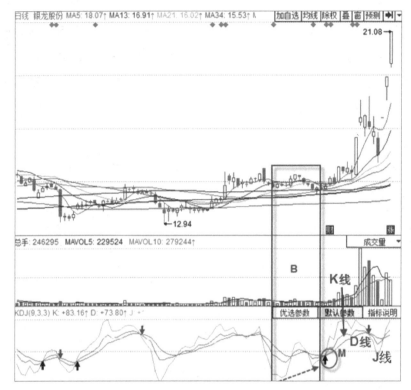

图6-22　银龙股份-日线图-KDJ指标

综合银龙股份MACD指标和KDJ指标的变化情况，可以判断出，股价的震荡趋势在不断走强，因此投资者应在图6-21中M区域的KDJ指标发出加速上行的信号时买入。

买卖点判定

MACD双线低位震荡黏合+J线低点不断抬高形态出现时，投资者应在MACD双线震荡期间，KDJ指标出现金叉、三线向上发散形态时买入，如图6-22中M区域的情况。

实战指南

（1）MACD双线低位震荡黏合+J线低点不断抬高形态出现时，MACD双线必须相距较近，如图6-21中A区域的情况。

（2）MACD双线低位震荡黏合+J线低点不断抬高形态出现时，KDJ指标中的K线与D线必须渐渐转为平行震荡，且同样需相距较近，如图6-22所示。

（3）MACD双线低位震荡黏合+J线低点不断抬高形态出现时，投资者应根据KDJ指标的走势判断震荡结束点的买点，如图6-22中M区域的情况。

> **小贴士**
>
> MACD 双线低位震荡黏合 +J 线低点不断抬高形态出现时，如果 J 线向下震荡出现的谷底低点十分接近，往往说明这种股价震荡格局会继续延续下去，后市投资者最好在出现 50 线附近的 KDJ 金叉、三线明显向上发散时再买入。

6.3.4　MACD双线低位小幅震荡+KDJ三线向上分散形态

MACD双线低位小幅震荡+KDJ三线向上分散形态，是指当MACD指标中的DIFF线和DEA线在0轴以下平行震荡时，KDJ指标出现了三线向上明显发散的形态。这往往说明，股价弱势震荡已经结束，投资者应及时买入股票。

形态特征

（1）MACD双线低位小幅震荡+KDJ三线向上分散形态出现时，MACD指标中的DIFF线和DEA线必须出现相距较近或是相互黏合状态下的小幅震荡。

（2）MACD双线低位小幅震荡+KDJ三线向上分散形态出现时，KDJ指标必须在K线和D线走平后，出现明显的三线向上发散形态。

（3）MACD双线低位小幅震荡+KDJ三线向上分散形态出现时，KDJ三线往往在50线以下的低位区。

形态解读

图6-23　数字政通-日线图-MACD指标

　　图6-23是数字政通（300075）日线图。图中，MACD指标中的DIFF线和DEA线在A区域处于相距较近的低位弱势震荡状态，且几近黏合，上下震荡的幅度也极小。

　　此时再观察图6-24中对应的KDJ指标的情况会发现，在MACD双线震荡期间，K线和D线在M区域渐渐转为了双线黏合平行，其后又转为了向上运行，且呈明显的三线向上发散形态。

　　综合数字政通MACD指标和KDJ指标的变化情况，可以判断出，KDJ指标已明显发出脱离低位的信号，未来股价将由弱势震荡转为上行，因此投资者应及时买入股票。

图6-24　数字政通-日线图-KDJ指标

买卖点判定

　　MACD双线低位小幅震荡+KDJ三线向上分散形态出现时，投资者应在MACD双线低位小幅震荡期间，KDJ指标的三线出现向上发散迹象时买入，如图6-24中M区域的情况。

实战指南

　　（1）MACD双线低位小幅震荡+KDJ三线向上分散形态出现时，MACD双线必须相距较近，如图6-23所示。

　　（2）MACD双线低位小幅震荡+KDJ三线向上分散形态出现时，KDJ三线或出现金叉，或不出现金叉，但三线必须呈明显的向上发散形态时，投资者才可买入，如图6-24中M区域的情况。

（3）MACD双线低位小幅震荡+KDJ三线向上分散形态出现时，MACD双线通常是在0轴以下的低位区，KDJ三线同样是位于50线以下的低位区，如图6-23和图6-24所示。

小 贴 士

　　MACD 双线低位小幅震荡 +KDJ 三线向上分散形态出现，如果出现 MACD 双线位于 0 轴以下的低位区，但未到达底部区域，只要双线出现黏合小幅震荡，甚至是平行，或小波浪式的震荡时，这同样是一种底部震荡的形态，投资者同样可以根据 KDJ 三线向上发散的形态来确定买点。

第7章

KDJ发现主力动向：紧随主力踪迹，寻找交易机会

股市中的主力历来都是神秘的、不可捉摸的，但只要及时观察KDJ指标的变化情况，主力的动向和意图就会尽揽怀中。而捕捉主力动向，无非是想做到"与主力共舞"，所以一定要掌握主力在各个时期的动向表现在KDJ指标上的形态，才能更好地把握住每一个交易机会。

7.1 主力建仓时期的KDJ指标形态分析

7.1.1 周线KDJ三线低位震荡

周线KDJ三线低位震荡出现时，如果主力是在建仓，股价往往在之前有过明显的大幅下跌，KDJ三线会处于50线以下的低位区，K线和D线会呈现几近黏合平行震荡的形态，而J线会出现明显的探底震荡走低的形态。这说明主力是在借机打低股价，大举吸筹，因此投资者应及时在主力建仓结束时选择买入股票。

形态特征

（1）周线KDJ三线低位震荡形态出现时，如果主力是在建仓，往往股价此时已经历了大幅长期下跌，KDJ三线也有过由顶部区域的大幅回落。

（2）周线KDJ三线低位震荡形态出现时，如果主力是在建仓，KDJ指标三线会同时运行到50线以下，出现K线和D线在低位区的双线黏合平行震荡。

（3）周线KDJ三线低位震荡形态出现时，如果主力是在建仓，J线会在K线和D线平行震荡期间，出现一次明显的探低形态到达底部区域，或出现低位钝化现象。

形态解读

图7-1　建投能源-周线图

图7-1是建投能源（000600）的周线图。图中，在股价经历了A段长期的大幅下跌后，KDJ指标出现B段的由高位区的三线下行。到C区域时，KDJ指标

已运行到50线以下，K线和D线出现平行震荡，J线向下震荡，出现适时的低位钝
化。这说明主力是在大举逢低建仓，投资者应及时买入股票。

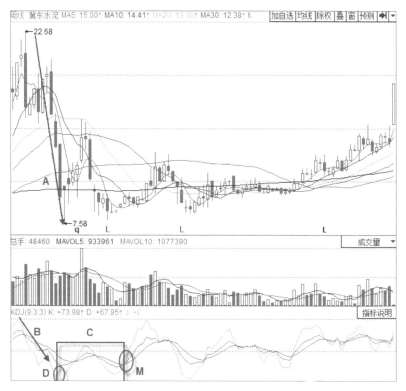

图7-2　冀东水泥-周线图

　　图7-2是冀东水泥（000401）的周线图。图中，在经历了股价的A段下
跌，及KDJ指标B段高位的回落后，到D区域时，J线出现向下探低，而后又快速
回升。而进入C区域后，K线和D线出现黏合大幅震荡，并均在50线以下的低位
区，说明主力在逢低建仓，投资者同样需要及时买入。

买卖点判定

　　周线KDJ三线低位震荡形态出现时，如果主力是在建仓，投资者应在
主力建仓结束点，即周线上出现低位金叉、KDJ三线向上发散时，如图
7-1和图7-2中M区域的情况。

实战指南

（1）周线KDJ三线低位震荡形态出现时，如果主力是在建仓，K线和D线通常会在50线以下出现双线几近黏合的平行运行态势（如图7-1所示），或是低位大幅波浪式震荡（如图7-2所示）。

（2）周线KDJ三线低位震荡形态出现时，如果主力是在建仓，J线往往在K线和D线平行震荡期间，会出现至少一次的探底形态，有可能出现低位钝化现象，如图7-1和图7-2中C区域的情况。

（3）周线KDJ三线低位震荡形态出现时，如果主力是在建仓，股价通常会表现为低位小幅的弱势震荡，如图7-1与图7-2中C区域对应的股价趋势。

（4）周线KDJ三线低位震荡形态出现时，如果主力是在建仓，往往之前股价与KDJ指标均会有过一段明显的由高到低的下跌过程，并且通常股价的跌幅较大，如图7-1和图7-2中A、B两段的走势。

> ### 小贴士
>
> 周线 KDJ 三线低位震荡形态出现时，如果主力是在快速建仓，通常 J 线向下的触底行为不会太深，K 线和 D 线的平行震荡的时间要短，此时投资者可结合日线图综合观察确定，因周线图上此时的表现不会太明显。

7.1.2 周线J线低位钝化

周线J线低位钝化，是主力低位建仓的一个重要特征，但这种形态通常出现在股价及KDJ指标明显的下跌过程中，J线会出现顺势向下，到达底部低位区后，沿区间下沿平行的状态。因此，投资者一经发现周线上出现J线低位钝化时，应果断介入。

形态特征

（1）周线J线低位钝化形态出现前，往往股价和KDJ三线会有一段明显的向下运行的趋势，并且跌幅较大。

（2）周线J线低位钝化形态出现时，J线会出现快速下探，当运行到底部时，出现沿区间下沿平行运行的状态。

（3）周线J线低位钝化形态出现时，必须确保K线与D线此时已转为平行或小幅震荡的形态时，方可确认主力是在建仓。

形态解读

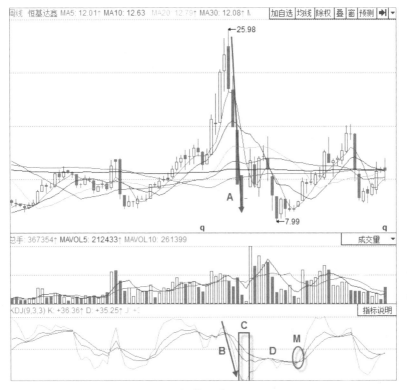

图7-3 恒基达鑫-周线图

图7-3是恒基达鑫（002492）的周线图。图中，在经历了股价A段和KDJ指标B段的下跌后，KDJ三线已运行到了50线以下的低位区，并且J线出现了明显的快速下探形态，于C区域出现到达底部后，沿区间下沿平行运行的状态，形成了J线的低位钝化。其后，在D区域，K线和D线一直处于黏合震荡的平行运行状态，这说明主力是在逢低建仓，因此投资者应选择在主力建仓结束的时候买入股票。

图7-4　横河模具–周线图

图7-4是横河模具（300539）的周线图。图中，在股价经历了A段的快速下跌，以及KDJ指标同时也在B段出现了明显的由顶部区域的大幅回落后，KDJ三线运行到了50线以下的底部低位区，并在C区域到达了底部极限区，并沿指标区间下沿平行运行。其后，K线和D线出现了短时的平行震荡，并随即在M区域出现了J线向上与K线和D线的低位金叉。

由于横河模具是上市不久的新股，图中股价A段的下跌，与KDJ指标B段的顶部快速回落，均发生在股票上市后的快速上涨之后，因此周线图上的J线低位钝化形态的出现，说明有主力在快速逢低抢筹做短线，因此，投资者可以以短线操作的思路，在主力结束快速建仓时大胆介入。

买卖点判定

　　周线J线低位钝化形态出现时，投资者应在主力建仓结束点，即J线低位钝化形态出现后，K线与D线平行震荡后出现KDJ低位金叉时买入，如图7-3和图7-4中M区域的情况。

实战指南

　　（1）周线J线低位钝化形态出现前，股价及KDJ指标通常会出现明显的一轮下跌走势，股价的跌幅越大，往往表明主力建仓的意图越明显，如图7-3中A区域的情况。

　　（2）周线J线低位钝化形态出现时，如果是新上市的股票，往往是主力以做短思维操作的表现，此时往往表现为K线和D线低位平行震荡的时间较短，如图7-4所示，因此投资者应以短线波段操盘的思路操作。

　　（3）周线J线低位钝化形态出现后，通常会出现K线与D线的平行震荡，双线相距较近，如图7-3中D区域和图7-4中M区域的情况。

> 小贴士
>
> 　　周线J线低位钝化形态出现后，如果KDJ指标中的K线和D线未能出现平行震荡，而是依然向下运行时，往往表明股价仍未跌透，此时即使出现J线向上震荡，也通常会形成金叉不叉形态，表明其后股价仍然会震荡走低，继续寻底，因此投资者不可介入。

7.1.3　月线KDJ"死叉不死"

　　月线KDJ"死叉不死"，是指在月线图上，出现J线在震荡向下运行的过程中，即将出现与K线和D线的向下交叉形成"死叉"，但是尚未交叉时却又突然拐头向上运行，未形成"死叉"。这种形态通常出现在月线上，所以是一种中长线趋势转强的表现，也是个股大牛行情开启时的征兆。若是这种形态出现在了大盘指数的月线图上时，往往说明一轮牛市即将开启，投资者在盘中应积极做多。

形态特征

（1）月线KDJ"死叉不死"形态是发生在月线上的形态，所以投资者必须观察月线图。

（2）月线KDJ"死叉不死"形态出现时，必须是J线在下行或震荡下行的过程中，向下即将与K线和D线形成交叉时，未及交叉即拐头继续向上运行。

（3）月线KDJ"死叉不死"形态如果出现在了50线以下，这往往是大牛行情的表现。

（4）月线KDJ"死叉不死"形态如果出现在了50线以上，这往往是大牛行情持续的一种表现。

形态解读

1.50线以下的月线KDJ"死叉不死"

图7-5　首钢股份-月线图

图7-5是首钢股份（000959）的月线图。图中，在股价经历A段的长期下跌的同时，KDJ指标也经历了B段的在50线以下的低位弱势震荡。到了M区域时，KDJ指标中的J线在向上越过K线和D线后，出现了略向上行后的向下运行，但在即将向下与K线和D线出现交叉形成"死叉"时，未能出现"死叉"即拐头向上运行，形成了"死叉不死"形态。因这种形态出现在了月线上，而同时又是出现在了50线以下的低位区以及K线与D线的长期横盘式小幅震荡的情况下，所以说明主力是在逢大跌后的低点大举建仓，因此投资者应及时跟进，因为一轮大牛行情即将展开。

2.50线以上的月线KDJ"死叉不死"

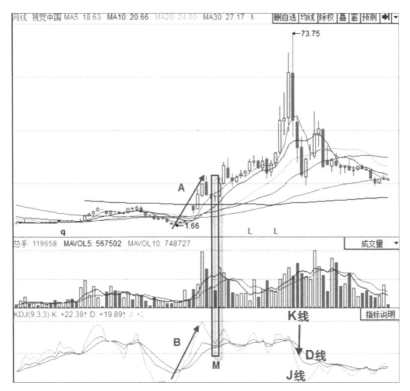

图7-6　视觉中国-月线图

图7-6是视觉中国（000681）的月线图。图中，在股价经历了A段的上涨以

及KDJ指标同时经历了明显B段的向上运行后，J线出现了向下回落。到了M区域时，J线出现了向下即将与K线和D线形成交叉时，却未出现"死叉"，而向上拐头继续上行，形成了KDJ"死叉不死"形态。由于这种形态是出现在月线上，而之前股价又为上涨趋势，所以说明之前J线的下行只是一段基于股价上涨趋势的调整行情，并且这种调整未出现KDJ三线向下跌破50线，属于短线调整，预示着牛市行情将继续展开，投资者同样应当及时买入。

买卖点判定

月线KDJ"死叉不死"形态出现时，投资者应在形态确认时买入，如图7-5和图7-6中M区域中的情况。

实战指南

（1）月线KDJ"死叉不死"形态如果发生在了50线以下，这往往是主力中长线布局的建仓点，也是捕捉牛市行情开启点的象征。因此，这种情况出现前，往往股价下跌的幅度都较大，弱势震荡的时间均较长，如图7-5所示。这种情况，大多出现在那些大盘蓝筹股的身上，因这些股票盘子大，主力建仓需要的时间较长。

（2）月线KDJ"死叉不死"形态如果出现在月线上涨初期，这往往是牛市开启后主力的建仓信号，其后股价的涨幅同样可观，如图7-6所示。

（3）月线KDJ"死叉不死"形态无论是发生在50线以上还是50线以下，都是投资者中、长线建仓的最佳时机，投资者应及时把握住机会，如图7-5和图7-6所示。

小贴士

月线 KDJ "死叉不死" 形态往往出现在大盘蓝筹身上时，可信度更高。这是因为小盘股通常盘子较小，月线上往往表现为股价上下震荡的幅度较大，波动也快，主力在其中的进入痕迹相对不够明显，但该形态一旦出现，往往是大牛股即将产生的信号。至于具体的买点，投资者可在月线 KDJ "死叉不死" 形态出现时，根据 30 分钟或 60 分钟等短周期图上 KDJ 指标的变化，寻找更低的反转点买入。

7.2 主力清理浮筹时期的KDJ指标形态分析

7.2.1 三线黏合震荡形态

三线黏合震荡形态，是指当股价在经过上涨后在回调的过程中，KDJ指标出现了三条线相距极近、几乎并成了一条线的形态。这种形态通常出现在周线上时更为明显。因此，一旦KDJ三线黏合震荡结束后出现KDJ买入信号时，投资者应及时买入。

形态特征

（1）三线黏合震荡形态出现时，若主力是在清理浮筹，KDJ指标中的三条线，即K线、D线和J线呈相互黏合状态，方向或略震荡向上，或略震荡向下，或是三线黏合状态下以小波浪的方式上下震荡。

（2）三线黏合震荡形态出现时，若主力是在清理浮筹，往往KDJ指标三线黏合震荡是出现在长期下跌后由区间底部初次上行的过程中，此时多数是主力低位建仓时期的震荡清理浮筹。

（3）三线黏合震荡形态，如果出现在KDJ指标突破50线后上行到高位区的回落过程中，若主力是在清理浮筹，多数是KDJ指标回落到0轴附近展开三线黏合的震荡清理浮筹。

形态解读

图7-7 *ST青松-周线图

图7-7是*ST青松（600425）的周线图。图中，在股价经历A段的反弹时，
KDJ指标在B区域也呈上行趋势。随后在C区域出现了KDJ三线的黏合震荡，因其
出现在股价下跌过程中，所以这种三线黏合属于弱势整理，不具有买入的参考意
义。但其后在股价经历了D段的下跌后，出现底背离时，J线也出现了触底后的反
弹，并于M区域再次出现三线的黏合震荡。而在结束三线黏合后出现KDJ金叉、三
线向上发散，说明主力在低位震荡中清理浮筹，投资者可逢低买入。

图7-8是林海股份（600099）的日线图。图中，在经历了KDJ指标C段的上
涨及股价A段的上涨后，当KDJ指标到达顶部高位区后，即出现了D段的回落以
及股价B段的下跌调整，说明主力在拉高清理浮筹。随后在E区域出现了KDJ指
标的三线黏合，以小波浪震荡的方式清理浮筹，因此投资者应及时买入。

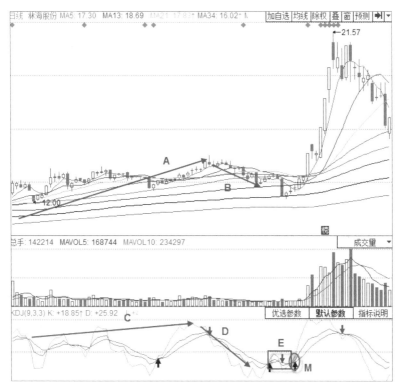

图7-8　林海股份-日线图

买卖点判定

三线黏合震荡形态出现时，投资者应在KDJ指标出现三线黏合后形成KDJ金叉、三线向上发散时买入，如图7-7和图7-8中M区域的情况。

实战指南

（1）三线黏合震荡形态如果出现在股价下跌趋势的反弹行情中，往往其后会继续下跌，此时非主力清理浮筹，而是股价下跌中的反弹即将结束的信号，此时投资者不宜买入，如图7-7中C区域的情况。

（2）三线黏合震荡形态如果发生在主力建仓时期的清理浮筹阶段，往往会在期间伴随底背离现象的出现，但此阶段为主力打低建仓阶段，所以投资者可逢股价止跌时买入，如图7-7中M区域的情况，或在主力建仓结束时再买入，如图

7-7中E区域的情况。

（3）三线黏合震荡形态出现时，如果是主力在底部拉升后的清理浮筹，往往KDJ指标和股价会有明显的上涨后的回落走势，如图7-8中A段、B段、C段、D段的情况。

小贴士

三线黏合震荡形态出现时，如果KDJ未回落到0轴，往往说明主力的清理浮筹行为幅度较小，属于一种强势的短线清理浮筹，同样投资者应在清理浮筹结束时买入。此时会出现KDJ三线的短时黏合震荡，出现金叉向上发散，或KDJ"死叉"不叉等形态。

7.2.2　重回50线以下的KDJ金叉形态

重回50线以下的KDJ金叉形态，是指股价在上涨过程中，KDJ指标在突破50线后的上行过程中，出现了三线重新回到50线以下震荡整理后发生的KDJ金叉。这种形态的出现，说明主力的清理浮筹幅度较大，因此造成了KDJ三线重新回到了50线以下。所以，投资者可以根据KDJ金叉形成时出现三线向上发散的形态，及时在清理浮筹结束后选择买入。

形态特征

（1）重回50线以下的KDJ金叉形态出现前，如果确认为主力清理浮筹，往往会有股价的明显上涨形态，和KDJ指标三线在50线以上的向上运行走势。

（2）重回50线以下的KDJ金叉形态出现时，如果确认为主力清理浮筹，KDJ指标会出现三线跌破50线后在其下的低位震荡表现。

（3）重回50线以下的KDJ金叉形态出现时，如果确认为主力清理浮筹，KDJ指标会发生J线向上与K线和D线的金叉，而这种金叉通常发生在接近50线的位置。

形态解读

图7-9　*ST山煤–周线图

　　图7-9是*ST山煤（600546）的周线图。图中，在经历了股价A段的上涨以及KDJ指标同时在B段的三线向上突破50线后的上行后，KDJ三线出现回落，并快速跌破50线，位于50线上震荡。但随即在M区域出现了KDJ指标接近50线的金叉、三线向上发散。这说明，主力清理浮筹已经结束，投资者应及时买入。

　　图7-10是*ST八钢（600581）的日线图。图中，在经历了股价A段的上涨以及KDJ指标三线向上突破50线后的震荡上行后，KDJ三线出现了快速回落，并在50线下方震荡，但很快也在M区域发生了KDJ接近50线的金叉、三线向上发散。这说明主力结束了股价上涨后的清理浮筹，股价即将恢复上涨，投资者应果断买入。

图7-10　*ST八钢-日线图

买卖点判定

重回50线以下的KDJ金叉形态出现时，投资者应在该形态形成后出现KDJ三线向上发散形态时买入，如图7-9和图7-10中M区域的情况。

实战指南

（1）重回50线以下的KDJ金叉形态出现前，必须有一段明显的股价上行和KDJ三线在50线以上的上行趋势，如图7-9和图7-10中A段和B段的走势，否则不能确认主力是否在清理浮筹。

（2）重回50线以下的KDJ金叉形态出现时，投资者应从周线图或日线图上去观察，如图7-9和图7-10所示，而不能在时间过长的周期图上观察，如月线图和年线图等，也不能在过短的周期图上观察，如30分钟图、5分钟图等，否则难以确定主力的清理浮筹行为。

（3）重回50线以下的KDJ金叉形态出现时，投资者必须在出现KDJ金叉后形成三线明显向上发散时方可买入，如图7-9和图7-10中M区域的情况，而不能过早买入，因为可能会出现KDJ金叉后再次转为"死叉"的继续弱势震荡形态。

小贴士

重回50线以下的KDJ金叉形态如果出现在大盘蓝筹股的月线上，往往是一种长主力的大波段清理浮筹行为，此时投资者应从更长的持股波段周期出发，制定相应的操盘策略。

7.2.3　50线上的KDJ"死叉不死"形态

50线上的KDJ"死叉不死"形态，是指当KDJ指标在50线以上运行时，K线和D线缓慢上行，J线在向下运行的过程中，即将与K线和D线发生"死叉"时，而未形成"死叉"即恢复继续上行的形态。这种形态的出现，往往是主力在上涨趋势中短线清理浮筹结束的信号，因此该形态是一种结束清理浮筹的买入形态。

形态特征

（1）50线上的KDJ"死叉不死"形态出现时，KDJ三线必须确保在50线以上运行，且股价为上涨趋势。

（2）50线上的KDJ"死叉不死"形态出现时，KDJ三线中的K线和D线必须呈缓慢向上运行的状态。

（3）50线上的KDJ"死叉不死"形态出现时，J线必须呈向下运行状态，但即将向下与K线和D线形态交叉时未出现交叉即止跌回升。

形态解读

图7-11是保变电气（600550）的日线图。图中，在股价经历了A区域的均线多头排列的上涨趋势后，KDJ三线在B段突破50线后于50线上向上运行，K线和D线在保持持续上行的前提下，J线于B段末端开始向下运行。直到M区域时，

J线在即将向下与K线和D线发生交叉时，而未形成交叉即开始止跌回升，形成了 KDJ"死叉不死"形态。这说明，主力拉升后已经完成了清理浮筹，股价即将重拾升势，因此投资者应及时买入。

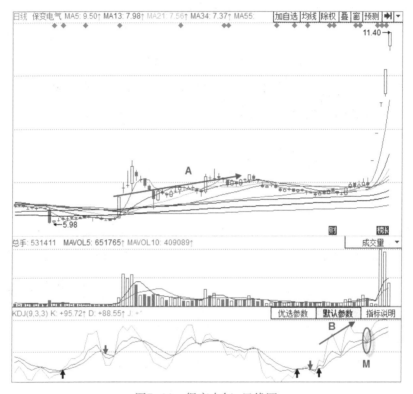

图7-11　保变电气-日线图

图7-12是*ST匹凸（600696）的日线图。图中，在股价经历了B段的上涨时，KDJ指标三线出现了C段的向上突破50线的震荡上行。在K线和D线保持震荡上行的前提下，J线在C段末端开始向下回落，并在D区域即将与K线和D线交叉却未交叉，即停止下行，转而上行，形成了50线以上的"死叉不死"形态。但是，如果仔细观察会发现，股价B段走势只是前期A段下跌趋势中的一波反弹，所以之前的均线趋势为下跌趋势，因此投资者不能以主力清理浮筹时期出现的50线以上的KDJ"死叉不死"形态来看待。

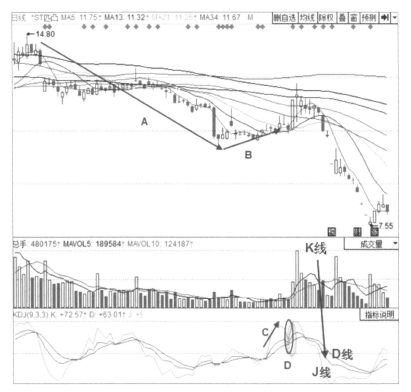

图7-12　*ST匹凸-日线图

买卖点判定

50线上的KDJ"死叉不死"形态出现时，投资者应在形态成立时买入，如图7-11中M区域的情况。

实战指南

（1）50线上的KDJ"死叉不死"形态发生在股价上涨趋势里时，才是主力清理浮筹结束的信号，如图7-11所示。

（2）50线上的KDJ"死叉不死"形态如果发生在了股价下跌趋势中的反弹过程中时，只有改变了均线运行的方向，形成多头趋势时才是主力清理浮筹结束的信号，如图7-12所示。

（3）50线上的KDJ"死叉不死"形态出现前，如果股价涨幅有限，往往其后的涨幅短时会十分可观，因这种清理浮筹结束后，股价将进入快速拉升期，如图7-11所示。

7.3 主力拉升时期的KDJ指标形态分析

7.3.1　三线加速上行形态

　　三线加速上行形态，是指KDJ三条线在上行，尤其是K线和D线由下行转为平行向上行的初期，J线引领K线和D线出现了大角度地向上加速运行的形态。这种形态出现在股价上涨趋势里时，往往是主力清理浮筹后进入快速拉升期的一种象征，因此该形态是一种买入形态。

形态特征

　　（1）三线加速上行形态出现时，如果是主力拉升股票前的信号，通常股价为上涨趋势，或是震荡中的均线多头趋势。

　　（2）三线加速上行形态出现时，如果是主力拉升股票前的信号，一般KDJ三线在50线附近。

　　（3）三线加速上行形态出现时，如果是主力拉升股票前的信号，K线和D线必须已经呈平行略向上运行的态势。

形态解读

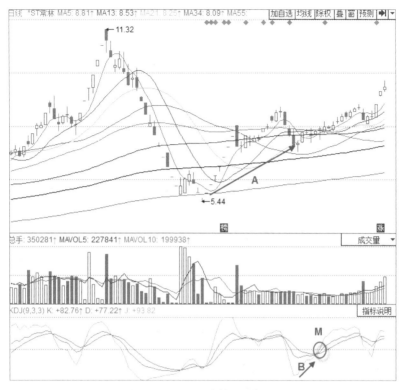

图7-13　*ST常林-日线图

　　图7-13是*ST常林（600710）的日线图。图中，股价在经历了A段的上涨后，均线已处于多头上涨趋势，其后出现回调。但KDJ指标在B段中，形成了K线与D线的走平后转为上行的趋势，J线开始大角度地上行，并引领K线和D线也出现了快速上行，至M区域时，形成了明显的KDJ三线加速上行形态，说明股价即将进入快速拉升期，因此投资者应及时买入。

　　图7-14是青龙管业（002457）的日线图。图中，股价在长时间的横盘震荡中，各条均线均已相距较近，且形成了短期均线在上、长期均线在下的多头趋势。在A区域中，J线出现了一波快速下探，而后转为突然大角度地快速上行，并引领着K线与D线也开始走平上行，至M区域时，形成了明显的KDJ三线加速上行的形态。这说明，主力以横盘震荡的方式，完成了建仓和清理浮筹，股价即将进入快速拉升阶段，因此投资者应及时买入。

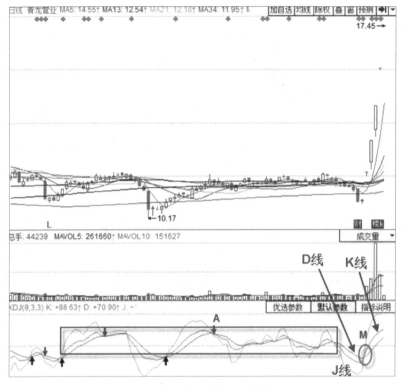

图7-14　青龙管业-日线图

买卖点判定

三线加速上行形态出现时，投资者应在KDJ三线加速形态形成之初买入，如图7-13和图7-14中M区域的情况。

实战指南

（1）三线加速上行形态出现前，必须有一段明显的股价上涨趋势，如图7-13中A段的走势。

（2）三线加速上行形态出现前，如果为股市的震荡行情，往往各条均线在震荡过程中会演变为多头上涨趋势之初，即短期均线位于长期均线之上的排列，如图7-14所示。

（3）三线加速上行形态出现时，当股价处于横盘震荡的状态时，往往KDJ指标以围绕50线的反复震荡为主，此时投资者应观察K线和D线的情况，只要其保持在50线附近即可，而J线通常震荡幅度略大，如图7-14中A区域的情况。

> **小贴士**
>
> 三线加速上行形态出现时，如果前期的股价趋势为下跌反弹趋势，这往往不是主力清理浮筹结束进入快速拉升期的信号，此时投资者应慎入。

7.3.2　三线向上发散、J线快速上行形态

三线向上发散、J线快速上行形态，是一种预示着股价即将快速上行的经典形态，是指当KDJ指标中的K线与D线由平行震荡转为上行后，与J线形成了三线向上发散运行的形态，其中，J线向上的倾斜度大。这种形态的出现，是股价即将快速上涨的信号，因此是一种短线捕捉强势股的信号。

形态特征

（1）三线向上发散、J线快速上行形态出现时，K线与D线必须有走平后转为上行的过程。

（2）三线向上发散、J线快速上行形态出现时，在K线和D线上行的时候，J线上行形成三线向上发散时，J线向上运行的角度越大，短期涨幅就越大。

（3）三线向上发散、J线快速上行形态出现时，有时会形成KDJ金叉，有时会以"死叉不死"的形态出现。

形态解读

图7-15是盐田港（000088）的日线图。图中，K线与D线在A区域平行震荡后，J线出现快速上行，并在M区域与K线和D线发生金叉，且KDJ三线呈向上发散的状态，其中J线上行的角度很大，引领K线和D线也出现了快速上行，形成了明显的三线向上发散、J线快速上行的形态，说明主力已完成了清理浮筹，股价即将进入快速拉升期。

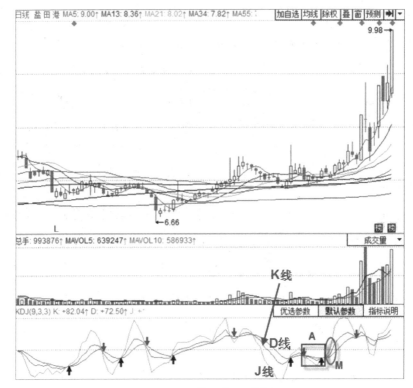

图7-15 盐田港-日线图

图7-16是西部建设（002302）的日线图。图中，K线与D线在A区域平行震荡后，在J线的引领下，渐渐形成了三线向上发散的形态，其后J线略向下行，但在M区域未与K线和D线交叉即出现转为大角度的快速上行的情况，形成了KDJ"死叉不死"形态后的三线向上发散、J线快速上行形态。这说明主力清理浮筹已经结束，股价即将进入快速拉升期，投资者应果断买入。

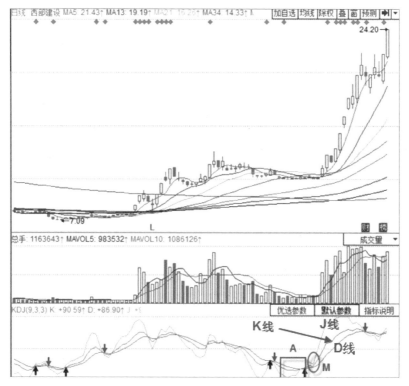

图7-16　西部建设-日线图

买卖点判定

　　三线向上发散、J线快速上行形态出现时，投资者应在KDJ三线向上发散、J线明显大角度上行形态成立时买入，如图7-15和图7-16中M区域的情况。

实战指南

　　（1）三线向上发散、J线快速上行形态出现前，通常会有一段明显的K线和D线的平行走势阶段，如图7-15与图7-16中A区域的情况。

　　（2）三线向上发散、J线快速上行形态出现时，当出现J线大角度向上的KDJ金叉（如图7-15中M区域的情况）或是出现KDJ"死叉不死"时J线向上大角度地上行时（如图7-16中M区域的情况），均是主力快速拉升股票的信号。

（3）三线向上发散、J线快速上行形态出现时，在K线与D线走平略向上状态中，往往J线向上的角度至关重要，通常以45°为其大角度上行的标志，如图7-15和图7-16中M区域的情况。

小 贴 士

三线向上发散、J线快速上行形态出现前，如果股价经历了大幅度和较长时间的下跌，甚至是一轮短时的爆跌行情时，往往J线会以几乎成直线的方式上行，这往往是股价即将快速反转的信号，也是主力暴力拉升股价的信号。

7.3.3 三线高位回落后"死叉不死"形态

三线高位回落后"死叉不死"形态，是指KDJ指标在向上突破50线后的上行过程中，当运行到了指标区间的顶部高位区时，J线出现回落，在即将向下与K线和D线交叉形成"死叉"时，未能交叉，反而出现止跌回升，继续上行的形态。这种形态的出现，往往预示着上涨行情依然没有中止，主力会继续快速拉升股价，这只是拉升途中的一次短线调整的间歇，所以投资者应及时买入。

形态特征

（1）三线高位回落后"死叉不死"形态出现时，KDJ指标往往已经突破50线，运行到了指标区间的顶部高位区。

（2）三线高位回落后"死叉不死"形态出现时，K线与D线处于高位平行震荡或上行渐急的状态。

（3）三线高位回落后"死叉不死"形态出现时，J线出现高位向下回落，即将与K线和D线交叉形成"死叉"，但未出现交叉，反而中止继续下行，转为上行。

形态解读

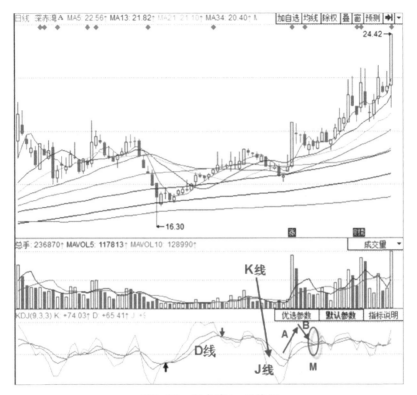

图7-17　深赤湾A-日线图

图7-17是深赤湾A（000022）的日线图。图中，KDJ指标在A段向上突破了50线后持续上行，并在A段末尾时，J线到达了接近顶部区域的高位区，而后J线在B段向下运行，K线和D线此时转为平行震荡。但到了M区域时，J线即将向下与K线和D线的交叉，但在交叉前未继续下行，转为了上行，形成三线高位回落的"死叉不死"形态。这说明，主力并未出货，其后将继续快速拉升股价。

图7-18是常熟银行（601128）的日线图。图中，KDJ三线在A段向上突破50线后的上行趋势里，在A段末端已运行到了指标区间的顶部区域，且J线发生了高位钝化。而后J线在B段回落，K线和D线由上行转为平行震荡，并在M区域出现了J线即将向下与K线和D线的交叉，但在出现交叉前，J线中止了继续下

行，而转为上行，形成了明显的三线高位回落后的"死叉不死"形态。这说明股价的上涨行情并未终结，股价将继续恢复上涨。此时，投资者无需卖出股票，反而应当继续持股或买入。

图7-18　常熟银行-日线图

买卖点判定

三线高位回落后"死叉不死"形态出现时，投资者应在KDJ"死叉不死"形态形成时买入，如图7-17和图7-18中M区域的情况。

实战指南

（1）三线高位回落后"死叉不死"形态出现时，必须确保K线和D线没有形成向下运行的趋势，即平行略向上震荡，如图7-17和图7-18中M区域的情况。

（2）三线高位回落后"死叉不死"形态出现时，J线在回落时不能与K线和D线出现重合交叉，如图7-17和图7-18中M区域的情况。

小贴士

三线高位回落后"死叉不死"形态出现时，如果K线和D线此时运行到了顶部高位区，且能够始终保持略向上震荡而不出现下行情况，同时，J线出现持续反复的钝化现象，此时投资者同样可以短线介入。但若K线和D线出现明显向下运行，且下行的角度较大时，投资者应放弃买入。

7.4 主力出货时期的KDJ指标形态分析

7.4.1 三线高位震后的KDJ金叉不叉形态

三线高位震荡后的KDJ金叉不叉形态，是指当KDJ三线向上突破50线后，经过不断地向上运行，当运行到顶部高位区时，出现了三线高位震荡。当J线向下震荡至K线和D线下方后，再向上震荡时，即将与K线和D线形态金叉，却未能形成交叉即转头向下继续下行。这种形态的出现，往往说明主力已在高位出货，投资者应及时卖出并远离这类股票。

形态特征

（1）三线高位震荡后的KDJ金叉不叉形态出现前，往往股价会有较大的涨幅，KDJ指标会明显出现一轮于50线上的三线上行形态，或是长期的震荡在50线以上的震荡上行形态。

（2）三线高位震荡后的KDJ金叉不叉形态出现时，KDJ三线必须呈高位震荡的形态，即J线反复震荡到K线和D线之上，又震荡到其下。

（3）三线高位震荡后的KDJ金叉不叉形态出现时，J线在最后一次向上即将与K线和D线形成金叉时，未能出现金叉，即掉头向下运行。

形态解读

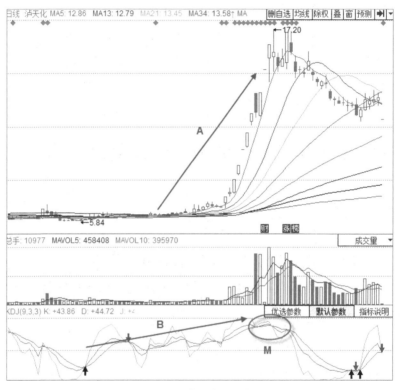

图7-19　泸天化-日线图

图7-19是泸天化（000912）的日线图。图中，在股价经历了A段的大幅上涨后，KDJ指标也在B段出现了较长时间的突破50线后的震荡上行。并且，在J线出现高位钝化后，于M区域出现回落震荡，K线与D线也同时出现了在高位区的震荡，并渐转为略向下震荡。其后，当J线再次震荡下行至K线和D线之下后，即将向上与K线和D线形成金叉时，却未能实现交叉，而后出现掉头向下，形成了三线高位震荡后的金不叉不叉形态。这说明，主力在借高位震荡之际大举出货，因此投资者应及时卖出股票。

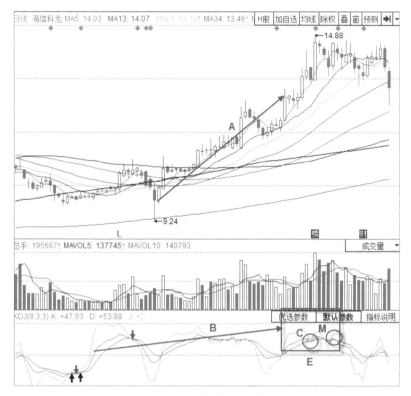

图7-20　海信科龙-日线图

　　图7-20是海信科龙（000921）的日线图。图中，在股价经历了A段的上涨后，KDJ指标三线也在B段突破了50线，出现了持续的震荡上行。而后KDJ三线在E区域中高位震荡，并且J线出现反复围绕K线和D线的震荡，例如E区域中的C区域先是形成了KDJ"死叉"不叉的买入形态，而后在M区域又出现了J线即将向上形成金叉后又掉头转跌，即金叉不叉的卖出形态。这说明主力在维持股价高位震荡大举出货。因此投资者应及时卖出股票。

买卖点判定

　　三线高位震荡后的KDJ金叉不叉形态出现时，投资者应在KDJ三线高位震荡后出现金叉不叉形态时卖出，如图7-19和图7-20中M区域的情况。

实战指南

（1）三线高位震荡后的KDJ金叉不叉形态出现时，往往在KDJ三线越过50线的上行过程中，会出现三线在高位区的震荡走势，如图7-19中M区域与图7-20中E区域的情况。

（2）三线高位震荡后的KDJ金叉不叉形态出现前，往往股价会有明显的上涨形态，如图7-19和图7-20中的A段走势，同时也会出现KDJ三线在50线以上的震荡上行过程，如图7-19和图7-20中的B段走势。

（3）三线高位震荡后的KDJ金叉不叉形态出现时，即使出现"死叉不死"等买入形态，只要很快又出现金叉不叉等卖出形态时，均是主力维持股价高位震荡出货的信号，如图7-20中C区域与M区域的情况。

> **小 贴 士**
>
> 　　三线高位震荡后的KDJ金叉不叉形态，经常会出现在高送转前的个股身上，因这类股票往往会在此期间维持股价在高位震荡，等待高送转实施时的大举出货。尤其是高送转实施后的KDJ指标在高位区出现的震荡后的金叉不叉形态，更是主力大举出货的信号，而此时，投资者应将K线图恢复到向前复权或向后复权后再观察。

7.4.2　KDJ高位"死叉"形态

　　KDJ高位"死叉"形态，是指当KDJ指标向上突破50线后持续向上运行到指标区间的顶部高位区后，出现了J线向下与K线和D线的"死叉"形态。这种形态的出现，尤其是J线下行的角度极大时，往往说明主力在大举出货，因此投资者应及时卖出股票。

形态特征

　　（1）KDJ高位"死叉"形态出现前，往往会有一段明显的KDJ指标突破50线后的持续上行走势。

（2）KDJ高位"死叉"形态出现时，KDJ指标中的K线、D线、J线通常已运行到50线之上的区间高位区，J线有可能出现高位钝化现象。

（3）KDJ高位"死叉"形态出现时，必须出现J线由上至下的与K线和D线的交叉，形成KDJ"死叉"，并且J线下行的角度越大时，主力出货的可能性越大。

形态解读

图7-21　双箭股份-周线图

图7-21是双箭股份（002381）的周线图。图中，KDJ指标三线在经历了A段向上突破50线后的上行走势后，已经运行到了顶部高位区，且J线出现了向上触及顶部极限区的钝化现象。其后J线下行，与K线和D线在M区域形成了"死叉"，因这一KDJ"死叉"发生在了50线以上的高位区，且J线向下的角度很

大，形成了KDJ高位"死叉"形态。说明主力在逢高出货，投资者应果断卖出离场。

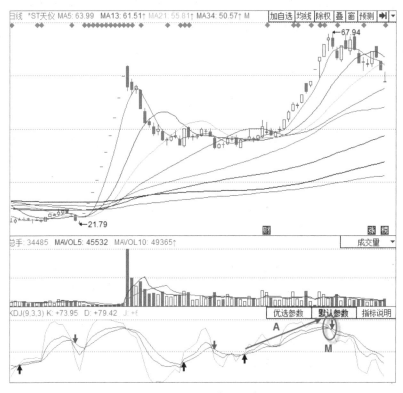

图7-22　*ST天仪-日线图

图7-22是*ST天仪（000710）的日线图。图中，KDJ三线在经历了A段的突破50线后的上行后，运行到了顶部高位区，虽然J线未向上出现高位钝化现象，但在其后的下行中与K线和D线在M区域发生了向下的交叉，形成50线以上的高位"死叉"形态。并且期间J线突然向下转向的角度较大，因此说明主力在借机出货，投资者应果断卖出股票。

买卖点判定

KDJ高位"死叉"形态出现时，投资者应在高位"死叉"形成时，J线大角度向下运行时卖出，如图7-21和图7-22中M区域的情况。

实战指南

（1）KDJ高位"死叉"形态出现时，往往KDJ指标在经过50线以上的运行后，已经运行到了顶部高位区，如图7-21和图7-22中A段的走势。

（2）KDJ高位"死叉"形态出现时，如果J线出现高位钝化后转跌时的下行角度越大，主力出货的意愿越强烈，如图7-21中M区域的情况。

（3）KDJ高位"死叉"形态出现时，即使J线下行角度看似不大，但在突然出现"死叉"形态时下行角度变大时，同样说明主力出货的坚决，如图7-22中M区域的情况。

> 小贴士
>
> KDJ高位"死叉"形态往往出现在周线上更为可靠。但如果是高送转实施后股票出现的50线附近的"死叉"，往往也属于高位"死叉"，此时投资者只需将K线图调到向前复权或向后复权后即可清晰地判断。

7.4.3 三线向下发散形态

三线向下发散形态，是一种KDJ指标经典的下跌形态，即当股价经过大幅上涨后，KDJ指标在高位区震荡后，K线、D线、J线三条线开始向下运行，并且形成一个喇叭状的同时向下发散。这种形态一经出现，说明主力在高位出货，因此该形态是一种卖出形态。

形态特征

（1）三线向下发散形态出现前，股价往往会有较大幅度的上涨，KDJ三线也会突破50线后在50线上运行。

（2）三线向下发散形态出现前，KDJ三线往往已经运行到了顶部高位区，K线和D线出现震荡滞涨。

（3）三线向下发散形态出现时，KDJ三条线通常会出现KDJ"死叉"后呈三线向下发散的形态，但有时也会出现金叉不叉后三条线向下发散的形态。

形态解读

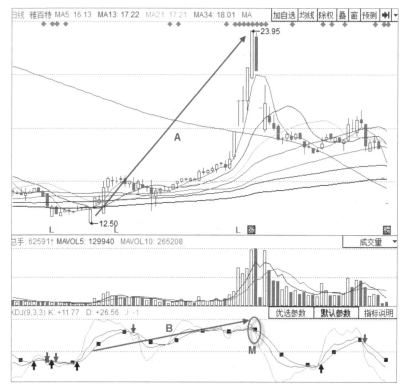

图7-23 雅百特-日线图

图7-23是雅百特（002323）的日线图。图中，在股价经历了A段的大幅上涨的同时，KDJ三线在B段突破50线后在顶部区域震荡上行，其后三线相互靠近，黏合并行，并在M区域一齐向下运行，形成了三线向下发散形态。这说明，主力开始高位出货，导致KDJ指标出现快速下行，因此投资者应卖出股票。

图7-24是千山药机（300216）的日线图。图中，在股价经历了A段的大幅上涨的同时，KDJ指标在B段突破50线后持续在50线上震荡上行。在经过了K线和D线的高位震荡后，J线运行到了K线和D线之下，并于M区域出现J线上叉K线和D线未果即回落的现象，形成了金叉不叉形态。其后J线与K线和D线三线明显向下，呈发散状态。这说明主力在高位开始出货，投资者应果断离场。

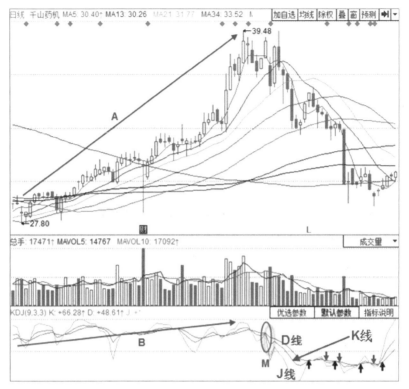

图7-24　千山药机-日线图

买卖点判定

　　三线向下发散形态出现时，投资者应在形态成立时卖出，如图7-23和
图7-24中M区域的情况。

实战指南

　　（1）三线向下发散形态出现前，往往股价会有一段明显的大幅上涨行为，
如图7-23和图7-24中A区域的情况，而涨幅越大，其后股价趋势反转的概率
越高。

　　（2）三线向下发散形态出现时，通常K线和D线会有明显的高位震荡滞涨形
态，如图7-23和图7-24中B段的情况。

（3）三线向下发散形态出现时，往往会伴随出现KDJ"死叉"（如图7-23中M区域的情况）或金叉不叉（如图7-24中M区域的情况）。

（4）从判断主力的角度出发，观察三线向下发散形态时，投资者应从周线图或日线图上进行观察，如图7-23和图7-24的情况。因为K线图如果周期过长，往往只有长主力方可捕捉到，而周期过短，又无法反映出主力是否出货。

> **小贴士**
>
> 　　三线向下发散形态如果出现在相对低位区，如50线附近，或50线以下，同样是一种股价将下跌的表现，但并不一定说明主力此时在出货，因主力此时或早已出货。而高位出现三线向下发散形态时，如果J线出现大角度地向下，同时伴随着较大的成交阴量时，这往往是主力快速出货的信号，投资者应及时卖出股票。

7.4.4　J线高位钝化后快速下行形态

J线高位钝化后快速下行形态，是指当股价经过了较大涨幅后，KDJ三线已运行到了指标区间的高位区，J线出现了到达顶部极限区后的平行状态，而后在结束钝化后出现大角度地快速下行。这种形态的出现是一种明显的主力出货的信号，因此也是一种股价顶部快速回落的信号，一经发现投资者应及时卖出。

形态特征

（1）J线高位钝化后快速下行形态出现前，往往股价会有大幅上涨，或短时的快速上涨。

（2）J线高位钝化后快速下行形态出现时，KDJ指标在50线以上向上运行，并已经运行到了顶部高位区。

（3）J线高位钝化后快速下行形态出现时，J线必须沿区间上沿平行后突然急转直下，且向下的角度极大。

形态解读

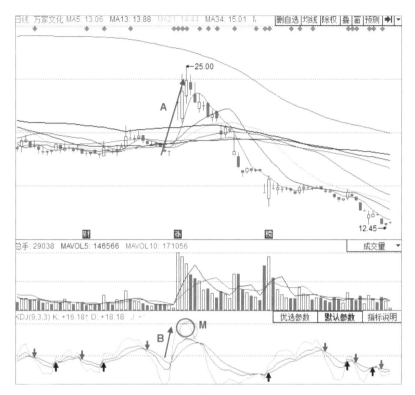

图7-25　万家文化-日线图

　　图7-25是万家文化（600576）的日线图。图中，股价在A段快速上涨的同时，KDJ指标也经历了B段的快速上行，并在M区域到达顶部高位区，同时J线出现了沿区间上沿平行的状态，而后突然掉转方向，大角度地向下运行。这说明主力在短期快速拉升后快速出货，因此投资者应及时卖出股票。

　　图7-26是航天晨光（600501）的周线图。图中，股价在A段快速大幅上涨的同时，KDJ三线也在B段突破50线后持续快速上行，于M区域到达了顶部高位区，尤其是J线出现了反复沿区间上沿平行的钝化行为，其后出现快速掉头下行的形态，向下的角度较大。这说明，主力在逢高快速出货，因此投资者应及时卖出股票。

图7-26 航天晨光-周线图

J线高位钝化后快速下行形态出现时，投资者应在J线高位钝化结束后快速大角度地下行形态出现时卖出，如图7-25和图7-26中M区域的情况。

（1）J线高位钝化后快速下行形态出现时，如果判断主力是否在出货，投资者往往应观察日线图和周线图，如图7-25和图7-26所示。

（2）J线高位钝化后快速下行形态如果出现在股价短期的快速上涨行情中，这往往是主力一种短期操盘中的出货信号，如图7-25所示。

（3）J线高位钝化后快速下行形态如果出现在股价有较大涨幅之时，这往往是主力大举出货的行为，如图7-26所示。

（4）J线高位钝化后快速下行形态出现时，J线高位钝化后，一定是大角度地向下回落，才是主力快速出货的信号，如图7-25中M区域的情况。如果仅仅是出现J线稍有回落即再次上行时，如图7-26中M区域的反复钝化行为，这是主力持续拉升的信号，而非主力出货，所以投资者应在图7-26中M区域中两次J线反复钝化后出现大角度下行时再卖出。

> ### 小贴士
>
> J线高位钝化后快速下行形态出现时，在判断主力是否出货时，若发生反复J线高位钝化，投资者应结合股价趋势判断，若股价依然在持续上行，则J线的回落为暂时回落，但若爆出大的成交阴量，则可以确认主力在出货，投资者应果断离场。然而，如果在股价下跌趋势的反弹行情中出现了J线高位钝化后快速下行形态，这是股价反弹结束的信号，不能确认为主力行为，因此时往往是游资大户的一种短线炒作行为。